物联网生态品牌发展报告

IOT ECOSYSTEM BRAND DEVELOPMENT REPORT

编著

凯度集团（Kantar）

牛津大学赛德商学院（Oxford University's Saïd Business School）

海尔集团（Haier Group）

新华出版社

图书在版编目（CIP）数据

物联网生态品牌发展报告 / 凯度集团等编著.
-- 北京：新华出版社, 2020.11
ISBN 978-7-5166-5558-0

Ⅰ. ①物… Ⅱ. ①凯… Ⅲ. ①物联网－应用－企业管理－品牌战略－研究报告－中国 Ⅳ. ①F279.23-39

中国版本图书馆CIP数据核字（2020）第236874号

物联网生态品牌发展报告

作　　者： 凯度集团　牛津大学赛德商学院　海尔集团

责任编辑： 徐文贤　杨　静　许兼畅　　**封面设计：** 刘宝龙

出版发行： 新华出版社
地　　址： 北京石景山区京原路8号　　**邮　　编：** 100040
网　　址： http://www.xinhuanet.com/publish
经　　销： 新华书店、新华出版社天猫旗舰店、京东旗舰店及各大网店
购书热线： 010－63077122　　**中国新闻书店购书热线：** 010－63072012

照　　排： 六合方圆
印　　刷： 三河市君旺印务有限公司

成品尺寸： 165mm × 235mm
印　　张： 8.75　　**字　　数：** 90千字
版　　次： 2020年12月第一版　　**印　　次：** 2020年12月第一次印刷

书　　号： ISBN 978-7-5166-5558-0
定　　价： 58.00元

卷首语

David Roth
罗大卫

The Store WPP
首席执行官、
BrandZ™ 和
BAV 集团主席

对企业来说，有时稍稍放慢脚步不失为一种明智的做法。环顾四周，企业可以思考那些铸就其往昔辉煌的成功要素是否将在未来依旧有效，可以继续确保它们取得成功。

我本人一直对企业发展史与商业转型充满兴趣。通常，我们在事后会很容易发现，一家成功的企业是从何时开始衰败的。从那时起，企业往往会经历一个漫长而并不光彩的旅程：管理层迷失方向，业务无可救药地下滑，股东价值随之大幅缩水。

很多企业都有一个坏习惯，就是认为它们可以沿用固有的模式永续经营下去。

然而，消费者和客户却一直在发生改变——无论是他们对品牌的态度、与品牌的关系，还是他们的购买决策。

当一家企业在快速发展并持续取得成功时，能够审视自身，展望未来，并找到与众不同的定位，已经是一件尤为困难的事情。而能够颠覆自己，以全新的理念和运营模式来引领未来的变革，则更是难上加难。

因此，我非常敬佩海尔集团在董事局主席张瑞敏和总裁周云杰的领导下所做出的变革：在海尔内部构想、创建和实施“人单合一”模式，打造物联网生态时代的新范式。

我相信，生态、生态品牌和以生态为中心的组织将在未来的商业发展中发挥至关重要的作用。它们构建了鼓励企业家精神、围绕用户创造终身价值的理念框架。

但其中有个问题，已经对我和许多其他人造成了一段时间的困扰。

在过去，我们的分析师在研究中往往会使用财务会计模型、绩效指标、经济利润计算、已动用资本回报率以及许多其他既定的指标 / 工具来发掘隐藏的价值。然而，这种模式并不适用于生态时代。

仅仅基于过去的模式，我们很难将生态创造的真正价值——即对公司、生态合作伙伴及各自品牌的价值，体现在资产负债表上。

这有点像使用旧地图或未校准的卫星导航系统，来面对如今的环境。

这是我热忱期待这份发展报告面世的众多原因之一。我相信，当我们在未来进行回顾时，会发现它的发布对于揭示生态品牌的真正价值具有开创性的贡献。我希望它能成为一种催化剂，推动学界和业界的广泛讨论，从而促进整个体系的发展。

这份报告值得我们所有人认真地阅读、思考——它将帮助我们在物联网新纪元以全新的方式迎接新的世界，成为推动生态发展的公认价值创造者。

卷首语

张瑞敏

海尔集团董事局主席、首席执行官

品牌是商业竞争的风向标和晴雨表。在传统工业时代，企业要么成为世界品牌，要么为世界品牌代工；在移动互联时代，企业要么拥有平台品牌，要么被平台品牌所拥有；在物联网时代，企业要么转型为生态品牌的引领者，要么成为生态品牌的合作方。

无论在什么时代，品牌都是溢价的保障。产品品牌的溢价来自质量，平台品牌的溢价源于流量，而生态品牌的溢价则要靠体验迭代。

在上一个十年，人们见证了平台品牌对产品品牌的颠覆，但平台品牌和产品品牌的本质没有变化，都是零和博弈的交易关系，随着流量红利的消失，只有交易的平台品牌难逃“其兴也勃、其亡也忽”的周期律。如同詹姆斯·卡斯的比喻，有限游戏以输赢为目的终结游戏，而无限游戏的目的是让游戏得以继续。生态品牌就是物联网时代的无限游戏。

我在三年前首次提出创生态品牌时，没有任何可资借鉴的经验，传统的经济学理论和管理理论也不再适用。在与复杂经济学和量子管理理论的创始人的交流中，生态品牌的构想得到了他们，即布莱恩·阿瑟和丹娜·佐哈尔的支持和肯定。两位大师级的学者难以置信，他们原本以为只是前沿理论的探索，居然在海尔变成了现实。去年，BrandZ™ 把海尔评为世界品牌百强中唯一一个物联网生态品牌，则标志着生态品牌成为商业实践领域中新的风向标。凯度和牛津大学赛德商学院的专家编制的这本《物联网生态品牌发展报告》更进一步让生态品牌从风向标发展为可操作、可复制的体系。

既然是生态品牌的体系，那么这一体系就没有边界和终点，随着生态合作方的蜂拥而至，该体系也将在众创中持续迭代。我对生态品牌创建的体会，概括为三个“无”：

无缝体验，无界生态，无感支付。

无缝体验，用户与合作方一体交互，即用户体验迭代，直至终身用户。无界生态，产品、行业无边界融合，即“产品会被场景替代，行业将被生态覆盖”。无感支付，物联网的“物”为用户自动下单付款，即去中介化的无障碍支付体验。

如果说，产品经济催生产品品牌，平台经济催生平台品牌，那么生态品牌则是社群经济、共享经济和体验经济的必然，此三者也正是物联网经济的核心特征。

物联网经济的竞争模式也因此升级，从企业之间的竞争、产业链之间的竞争，升级为商业生态之间的竞争。商业生态理论之父詹姆斯·穆尔关注到海尔的生态品牌创新，我们的实践受益于他的理论启发，而他则从海尔的生态模式实践中发现了商业生态系统的时代性和引领性，希望通过对海尔的调研撰写新的商业生态理论著作。

物联网不是终点，新的科学技术发展呈现指数级加速效应，唯有坚持人的价值最大化的理念，通过人单合一模式发挥每个人的无穷潜力，科技方能变成价值。在这一点上，我同意詹姆斯·穆尔的观点，组织创新是一切技术创新中的“元技术”，因为人是唯一能使资产增值的因素。

推荐语

当前物联网正处于规模化发展的窗口期，抢夺生态主导权的关键期和格局未定的机遇期，呈现出“万物互联、泛在智能、平台生态、数据变现”的新特点。本书从生态方和用户视角，详述了物联网时代的品牌效能和引领作用，为加速物联网发展，应对数字化浪潮挑战提出了新的思路，值得深度阅读和深入思考。

——**罗　松**　中国信通院工物所副总工程师

物联网是中国发展数字经济的重要基础，建设健康的物联网生态是数字化转型的方向之一。《物联网生态品牌发展报告》紧紧围绕数字时代的需求，为打造优秀的物联网生态品牌提供了重要参考。

——**朱　岩**　清华大学经济管理学院教授

一个万物感知、万物互联、万物智能的时代正在到来，人人、物物、人物之间都可以通过信息与数据的触达、交互展现出无限可能，绽放新的生命力。本书从三大视角 19 个指标勾勒出了生态品牌的模样，帮助企业以更宏大的社会视角、生态方视角和用户视角实现品牌的进化升级，转型做更有价值、更有意义的生态品牌！

——**秦　朔**　人文财经观察家、中国商业文明研究中心联席主任互联网的发展进入了万物互联的新阶段。《物联网生态品牌发展报告》的发布无疑为我们提供了一种看待物联网世界的崭新视角。它不仅首创地界定了物联网生态品牌的标准，还提出了详细的指标，供读者和品牌来对照并自我完善。其中的许多观点都与我日常工作中的体会不谋而合。我会把这本书推荐给我的同事，和所有想要在物联网时代做好准备、有所作为的朋友们。

——**董本洪** 阿里巴巴集团首席市场官

《物联网生态品牌发展报告》为所有物联网时代的品牌建立了一座灯塔，在物联网生态品牌的定义、标准和影响方面有非常前瞻和独到的见解，为企业未来内外部转型提出了一种颠覆性、引领性的发展方向。我推荐那些想要探索企业转型与新型发展模式的企业管理者来读读这本书，相信你们会像我一样，得到很多有趣的启发。

——**林妤真** Google大中华区营销洞察与解决方案副总裁

在科技驱动的时代，生态品牌能够为用户提供一站式、定制化、且不断迭代的高品质体验，为社会创造可持续发展的价值循环，有利于企业通过深度把握客户需求、制定更加丰富的产品，提高便捷性的同时满足客户一站式、多样化、个性化的服务需求。这也是平安在“专业，让生活更简单”的品牌理念指引下，持续加大科技投入，不断构筑“金融＋生态”赋能的出发点。生态品牌之路漫长，但前景无限。

——**盛瑞生** 中国平安董事会秘书兼品牌总监

目 录 CONTENTS

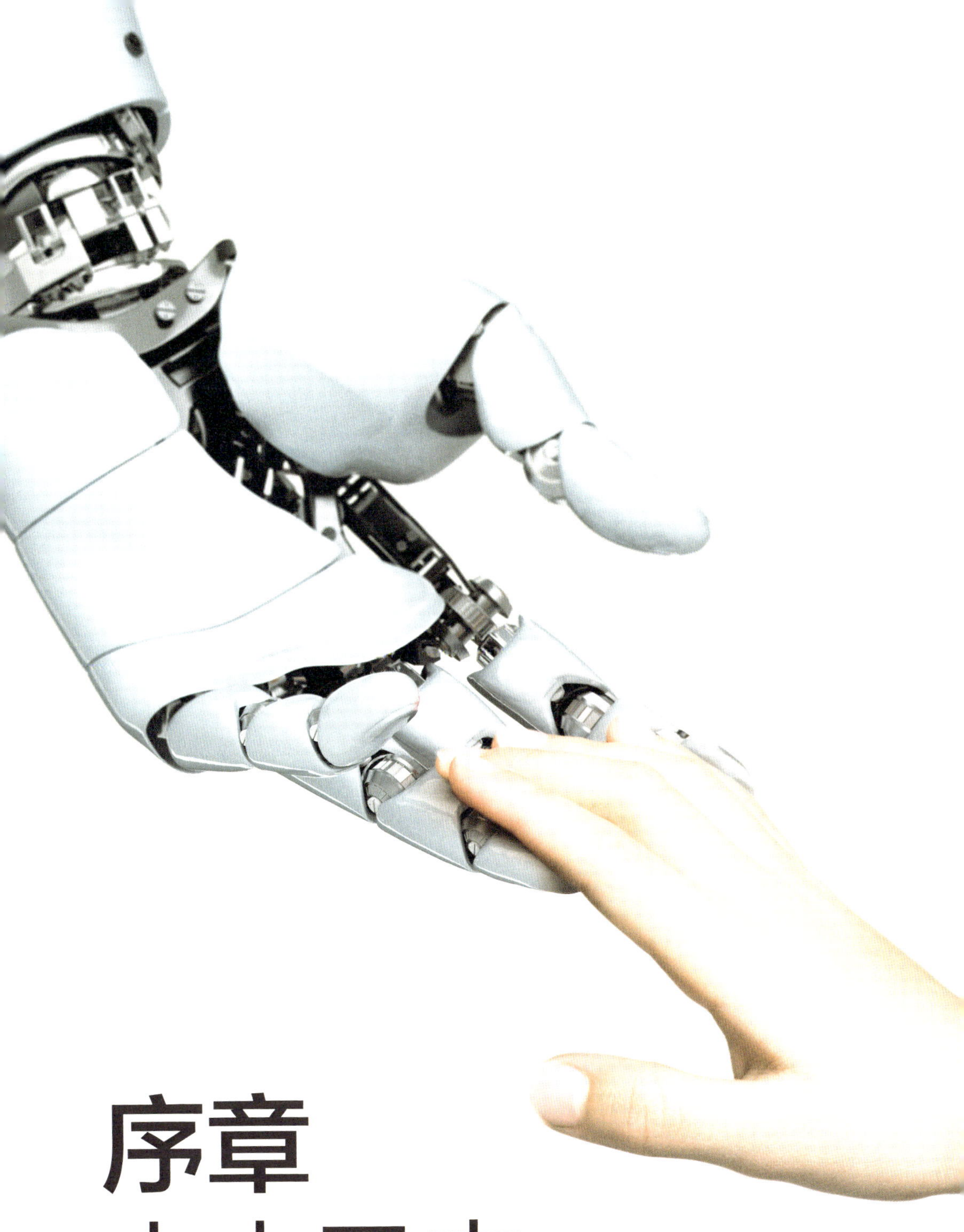

序章
未来已来

我们正在拥抱一个前所未有的世界。

当你晨起揉着惺忪的睡眼漫步厨房，发现咖啡已经煮好；当你的冰箱察觉到鸡蛋即将用尽，自动帮你向农场下单；当你的汽车识别到前方路面的碎酒瓶，聪明地自动避让；当黑灯工厂空无一人，所有的设备却在高效运转、紧密衔接……我们会发现，在生活的每一个细碎瞬间里，新世界的美妙图景正向我们露出笑靥。

全球移动通信系统协会（GSMA）发布的《2020 年移动经济》报告显示，2019 年全球物联网总连接数已达到 120 亿，预计到 2025 年将增至 246 亿。未来几年，全球物联网收入将由 2019 年的 3430 亿美元（约合人民币 2.4 万亿元）增长到 2025 年的 1.1 万亿美元（约合人民币 7.7 万亿元）。[1]

未来，正以我们意想不到的速度加速到来。

与移动互联网大约 50 亿[2]的设备接入量相比，物联网的连接规模整整大了一个数量级，所涉及的领域涵盖可穿戴设备、智能家居、自动驾驶汽车、互联工厂和智慧城市的一切。

物联网引领的这波新浪潮将从根本上改变我们习以为常的生活方式，也将重构全球产业经济的格局。历史上，每一次工业革命都成就了一批引领时代的企业，也改变了全球经济的版图。18 世纪 60 年代开始的第一次工业革命让英国成为“世界工厂”。而第二次工业革命开启的电气时代则成就了西门子、奔驰、福特、通用电气等一批享誉全球的公司，也让美国和德国成为世界的中心。及至计算机和信息技术为代表的第三次工业革命，英特尔、IBM、微软、戴尔等美国企业引领全球，让美国进一步巩固了自身在全球经济中的领导地位。如今，物联网的到来无疑拉开了新一轮全球经济格局变迁的序幕。

想要在物联网时代的全球竞争中取得优势，企业不仅需要在技术和产品上不断创新，更要通过模式创新为自身构建独特的护城河。随着科技和产品迭代速度越来越快，“蓝海”正加速转变为同质化竞争的“红海”，企业单纯依靠在技术/产品上的推陈出新很难保持竞争力。相比之下，模式创新的引领者通过对各种“关系”的重塑（如企业与用户/合作伙伴的关系——品牌范式、企业与员工的关系——组织形态），改变创造价值、传递价值的基本方式，往往可以为自身筑就起较高的护城河，仿佛进入无人之境的“黑海”，让竞争对手很难在短期内模仿超越。

在物联网赋能的多种模式创新中，品牌范式的转变尤为重要，因为它直接影响终端用户和合作伙伴对品牌的看法及参与度，也在很大程度上决定了企业未来的价值空间。

作为全球顶尖的品牌战略咨询机构，凯度咨询始终致力于探索品牌在不同时代、不同环境中的发展与演变。此次，我们与牛津大学赛德商学院的教授及海尔集团联手，在本报告中试图回答的核心问题正是：在物联网时代下，何为领导型品牌新范式？这种新范式的标准与定义又是什么？

对于那些立志在物联网这片广袤的新天地争得一席之地的企业而言，本报告旨在通过探讨物联网时代领导型品牌新范式的成因、标准与定义，以及这种新范式对组织和社会的影响，为它们提供一种系统性的思考框架，帮助它们找到品牌的制胜之策。

第一章
物联网时代出现生态品牌的必然性

从凯文·阿什顿在 1999 年提出“物联网”一词至今，物联网已从雏形初现逐步发展为拉动全球经济增长的新引擎。新的技术浪潮开启了通往新时代的大门，也为时代奠定了特有的基调。基于全新的时代特征，新的经济形态不断涌现并加速发展，随之应运而生的则是一种全新的品牌范式。

1.1 物联网时代的总体特征

如今，数以万亿的传感器被嵌入社会的各个角落，形成了“万物互联”的新景象。从“互联网”到“物联网”，后者“连接一切”的属性引发了新时代的“数据核爆”。“数据即资产”开始成为指导商业社会的基本理念，而“以用户体验为中心”也终于可以从纸面走入现实。

万物互联与多维连接

从 PC 互联网、移动互联网到物联网，历次信息革命浪潮都指向同一个关键词——“连接”。如果说互联网带来的是“人与人”“人与信息”的连接，那么物联网则更进一步，实现了“人与物”“物与物”的全面连接。

虽然从连接的对象来看，物联网只是加入了各种“物”，但它对连接内涵的拓展和升华带来了极其深远的影响。第一，它不再以“人”为单一的连接中心，物与物无须人的操控即可实现自主连接，这在一定程度上确保了连接所传递内容的客观性、实时性和全面性。第二，物联网将实体世界的每一缕脉动都连接到网络上，打

> 万物互联引发新时代的“数据核爆”，“数据即资产”开始成为指导商业社会的基本理念，“以用户体验为中心”也终于可以从纸面走入现实。

造了一个虚拟（信息、数据、流程）和实体（人、机器、商品）之间相互映射、紧密耦合的系统。物理实体在虚拟世界建立了自身的数字孪生，获得了某种程度的“永生”，也使其状态变得可追溯、可分析和可预测。

数据驱动与数据资产化

根据国际数据公司（IDC）的预测，到 2025 年，全球物联网设备生成的数据量将超过 79.4 个泽字节（ZB）[3]，相当于地球上所有海滩上沙粒数量的 113 倍。除了数据量级的迅猛增长，在物联网时代，数据类型的多样性、颗粒度和时效性也会大幅提升。数据已成为驱动经济增长的“新石油”，也被企业视为除实体资产、无形资产外的一种新型战略资产。

这种资产的价值主要有两大方面：对内，数据成为企业降本增效和创造新价值的核心驱动力。通过对海量数据的动态收集和智能化的处理分析，企业可以从中获得关于业务运营状态和潜在商机的宝贵洞察，从而找到提升营运效率和创新创造的新机会。对外，数据成为企业重要的信用凭证。基于物联网技术构建的金融模式，可以通过遍布企业供应链的智能感知设备和全流程企业经营行为画像，获取有关企业“商流、资金流、物流和信息流”的实时状态，并结合历史数据真实还原企业的生产经营状况，让数据变成企业的“客观信用”，帮助企业有条件地增信。

以用户体验为中心

“以用户体验为中心”并不是一个新词，但在信息技术革命之前，它通常只是一句停留在纸面上的企业理念或者口号。

互联网时代到来后，企业开始通过与用户建立快速、低成本的直接交互，收集用户反馈。然而，在互联网时代，企业与用户的交互仅仅依靠 PC、手机等有限的触点，且捕捉的基本还是用户有意识主动交互下产生的数据，因此所获取的用户数据仍是碎片化且非连续的。

在物联网环境下，一方面，万物皆为入口，除了用户主动交互产生的数据外，用户的许多被动数据也被实时、无感地记录了下来（比如瓷砖记录的步态、枕头和床垫记录的睡眠状态）。企业因此可以全面、立体、动态地了解用户需求。另一方面，物联网时代的智能工厂可以通过柔性生产线、透明供应链等模式，快速地满足用户不断迭代的定制化需求。两者结合，物联网时代的企业可以真正将“以用户体验为中心” 落到实处，始终提供满足用户需求的最佳体验。

物联网三大时代特征

以用户体验为中心

- ◇ 通过对用户主动交互数据和被动数据的全面记录，企业可以全面、立体、动态地了解用户需求
- ◇ 物联网时代的智能工厂可以通过柔性生产线、透明供应链等模式快速满足用户不断迭代的定制化需求

万物互联与多维连接

- ◇ 不再以“人”为单一的连接中心。物与物的自主互联在一定程度上确保了传递内容的客观性、实时性和全面性
- ◇ 物理世界与虚拟世界紧密耦合。依靠数字孪生，物理实体的状态变得可追溯、可分析和可预测

数据驱动与数据资产化

- ◇ 对内，数据成为企业降本增效和创造新价值的核心驱动力
- ◇ 对外，数据成为企业重要的信用凭证

1.2

物联网时代的经济特征

“万物互联与多维连接、数据驱动与数据资产化、以用户体验为中心”的时代特征让一些全新的经济形态得以兴起，也让一些之前业已萌芽的经济形态发展成为物联网时代的基本景观。其中，“快速迭代的场景式体验经济”“个性化的社群经济”和“使用权重于所有权的共享经济”共同奠定了物联网时代经济发展的主旋律。

快速迭代的场景式体验经济

万物互联的到来使得“器物网器化”成为事实，且技术的发展趋势是“硬件软件化”，硬件只提供基本的通用功能，更多更高级的功能将由软件来实现。“网器化”“软件化”带来的结果是用户购买的将不再是一个既定的产品，而是一种不断迭代升级的体验。比如，特斯拉就被称为“带轮子的联网计算机”或“软件定义的汽车”，可以通过远程空中升级（OTA）的方式，快速完成车辆软件系统的功能更新，不断给车主带来意想不到的智能体验。[4]

因此，在物联网时代，企业与用户的关系不会随着售出而中止。相反，售出正是新一轮优化升级的开始。任何一个联网的产品都为企业提供了一个与用户持续交互的界面，可以将用户数据实时回传给企业。企业则可借助机器学习、人工智能等技术，挖掘用户数据揭示的最新需求，对产品 / 服务进行快速的迭代升级。

同时，物与物的互联互通使得用户对体验的需求不再聚焦于单个产品，而是需要一个基于场景的整体解决方案。换句话说，在物联网时代，“产品将被场景替代”，场景成为体验的基本单元，而产品只是其中的部件。企业需要根据场景中的各种需求，为用户打造一套完整的价值体验。

这种“场景式体验经济”叠加“快速迭代”的能力就形成了物联网时代的第一大经济特征——“快速迭代的场景式体验经济”。

个性化的社群经济

在多维数据驱动的物联网时代，个性化的社群经济也得到了加速发展。

一方面，物联网时代的企业可以做到对需求侧的精准把握。万物互联后，用户的“数字足迹”可以被多点实时捕捉，企业能够收集到的用户数据成几何倍数增长，且颗粒度可以精细到不同的场景和时段。基于这些全面立体的用户数据，企业可以针对不同的社群进行精准画像，并且可以持续动态地捕捉到每个社群的最新需求。

另一方面，供给侧的条件也已成熟。首先，对于有形产品的生产而言，在物联网技术驱动下，产品模块化、柔性生产线、透明化供应链等模式日趋成熟，确保企业可以低成本地针对社群用户的特定需求快速进行大规模定制。其次，随着 “硬件软件化”趋势的进一步加强，更具针对性的个性化功能将通过产品中软件的不同配置来实现。这种软件的个性化程度将不只停留在“千人千面”，而是可以下沉到特定时空场景中的精准需求，实现“一人千面”，真正做到随时随地提供懂你的“按需服务”。

需求侧和供给侧的“双浪叠加”，使得个性化的社群经济日益渗透到经济的各个领域，成为物联网时代经济发展的一条主流脉络。

“使用权”重于“所有权”的共享经济

最后，物联网时代还将助推共享经济的快速发展，其基本特征是“使用权”重于“所有权”。

事实上，我们早就处在一个产能过剩、闲置资源满天飞的世界，只是之前一直缺乏成熟的技术条件，无法大范围实现共享经济。移动互联网到来后，我们开始拥有了低成本、大规模实时分享的手段，但受制于人作为信息传递中介精力的有限性，共享经济仍局限于个别领域（比如共享房屋的 Airbnb）。物联网的到来为共享经济在更大范围和规模上的爆发创造了技术条件。正如我们之前在时代特征“万物互联”中所述，物联网使得“物与物”可以直接地互联互通，不再需要依靠人作为连接的中心媒介。因此，物联网时代的共享平台可以通过与物品的直接对话，及时掌握各物品的使用状态。只要有良好的商业化手段，所有物品都可以进入共享经济的大网，实现资源的实时优化配置。共享经济也将因此走上一个全新的台阶。

这一经济形态在各领域的全面展开会引发社会思潮的转变。当人们逐渐发现实体物品变得像自来水一样，无须拥有即可按需索取，他们就会越来越不在意物品的“所有权”，而更关注“使用权”。[5] 同时，在“人人创造、人人分享”的共享经济中，每个人既是共创方也是受益方，人们心中有关“生产者”和“消费者”的边界也会逐渐消弭，“产消者”[6] 这一概念将变得越发普及。

物联网时代的经济特征

快速迭代的场景式体验经济

快速迭代

“器物网器化、硬件软件化”

▼

消费者购买的将不再是一个既定产品，而是一种不断迭代升级的体验

场景式体验

物与物互联互通

▼

消费者不再聚焦于单个产品，而是需要基于场景的整体价值体验（场景成为基本单元，产品成为其中的部件）

个性化的社群经济

需求侧的精准把控

对用户海量数据的高效智能分析

▼

企业可以精准实时地捕捉不同社群用户的个性化需求

供给侧的条件成熟

1. 大规模定制
2. 更有针对性的个性化功能将通过产品中软件的不同配置完成

“使用权”重于“所有权”的共享经济

技术条件成熟

物与物直接的互联互通不再受制于人作为信息传递中介精力的有限性

▼

为共享经济的全领域爆发创造了技术条件

思想观念转变

1. 人们越来越不在意物品的“所有权”，而更关注“使用权”
2. “人人创造，人人分享”，每个人既是共创方也是受益方，人们心中有关“生产者”和“消费者”的边界逐渐消弭，“产消者”的概念越发普及

1.3 物联网时代的品牌范式

基于这样的时代特点和经济特征，物联网时代领导型品牌范式应当如何？

回溯历史，时代演进间经济特征的转换，引发了领导型品牌范式的多次演变。

在传统工业时代，经济以生产制造为核心，企业的主要职责是生产制造产品/服务，继而通过各种线下渠道找到客户。这一时期诞生了大量的产品品牌/服务品牌。

随着信息技术革命的到来，互联网的出现首次让实时大规模的在线连接成为可能。为了让连接有序、高效，并能创造价值，一种新型的平台模式应时而生。在这种模式下，平台本身不生产产品或服务，而是致力于实现供给侧和需求侧的双边智能匹配——人与人、人与信息/内容、人与商品的匹配。比如，微信把一个人和他的朋友们匹配起来，淘宝把买家和商品匹配起来，今日头条把读者和文章匹配起来。微信、淘宝、今日头条正是这一时代平台品牌中的突出代表。

及至物联网时代，正如我们之前在“快速迭代的场景式体验经济”中所述，物与物的互联互通使得用户不再满足于单个产品 / 服务，而是需要获得基于场景的整体解决方案。但即便是一个简单的场景，涉及的品类也非常丰富，一家企业无法涵盖所有的产品 / 服务，必然需要与跨行业、跨品类的合作伙伴通力协作，共同推出整体的解决方案。同时，“快速迭代”也意味着这种协作关系还要能够根据用户不断迭代的个性化需求快速聚散和重构。因此，物联网时代呼唤一种能够打破传统的行业 / 品类壁垒、有效促成动态多边合作的模式。符合这种模式的品牌，我们称之为生态品牌。

生态品牌的出现是时代发展的必然结果。如今，无论是产品品牌还是平台品牌，都已面临一片红海。因为随着竞争者之间相互学习，模式在走向成熟的同时也逐渐趋于同质化。无本质差异的体验导致价格战硝烟再起。近年来，各电商平台相互比拼的频繁大促就是这一观点的真实写照。在原有模式增长乏力的今天，生态品牌无疑开辟了一条新的道路。通过为用户推出一体化、个性化且不断迭代的解决方案，生态品牌一方面降低了用户的价格敏感度，另一方面增强了用户的黏性，为未来可持续的增长赢得

物联网时代呼唤一种能够打破传统的行业 / 品类壁垒，有效促成动态多边合作的模式。符合这种模式的品牌，我们称之为生态品牌。

了更多空间。

同时，生态品牌也在企业层面生动体现了共享经济“所有权”与“使用权”分离的特征。在物联网时代，考验企业的不是占有了多少资源，而是能够协同整合多少资源。企业的战略也因此演变为了“整合并管理自己并不拥有的资源的艺术”。[7]

品牌模式的变迁

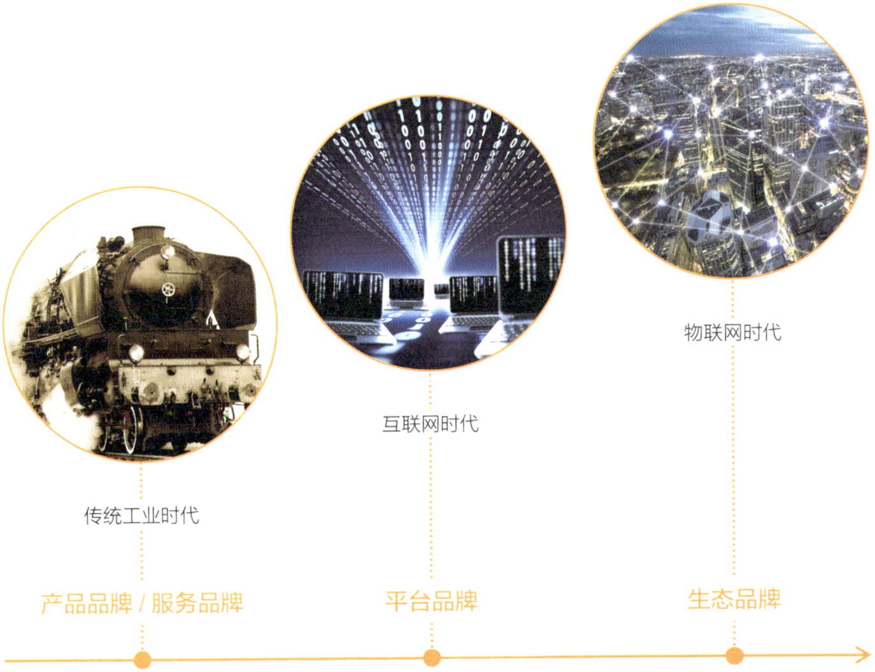

第二章
物联网生态品牌的标准与定义

在社会经济生活中，物联网生态品牌已开始悄然浮现。

想要抓住时代机遇塑造领先优势，各个品牌都要预先了解这一新型品牌范式的核心特征。那么，与品牌的传统定义相比，物联网生态品牌究竟有何独特之处？物联网生态品牌的标准与定义又是什么？

2.1

物联网生态品牌与传统品牌定义的核心差异点

传统品牌定义强调品牌是“用户视角下，品牌的体验总和汇聚在用户脑海中形成的心智图谱”。“用户视角”和“体验”是该定义中的两个核心关键词。在这两个层面，物联网生态品牌均有所突破。

首先，物联网生态品牌从多个维度对用户视角下“体验”的意涵进行了拓展。这些拓展与上文论述的“物联网时代的经济特征”一脉相承。第一，“快速迭代的场景式体验经济”意味着物联网生态品牌所带来的体验从“产品聚焦”转变为“场景聚焦”，且这种体验并非一成不变，而是可以根据用户需求持续迭代。第二，物联网让“个性化的社群经济”获得加速发展，因此物联网生态品牌所带来的体验也将是个性化、定制化的。第三，物联网生态品牌也将使得体验的丰富性空前提高。基于物联网“共享经济”中“产消者”的概念，用户将不只以“消费者”的身份在使用环节获得品牌体验，而是可以作为“生产者”与品牌展开共创，参与到产品设计研发、传播推广、使用及迭代的全流程中，获得丰富多维的价值体验。

物联网生态品牌在“视角”和“体验”两个层面对传统的品牌定义有所突破。

其次，物联网生态品牌突破了传统品牌定义中单一的“用户视角”。由于物联网生态品牌需要联合众多合作伙伴打破行业壁垒，共创整体解决方案，因而不能只从用户视角出发定义品牌，还需加入“生态合作伙伴视角”。同时，作为时代领导型品牌范式，物联网生态品牌囊括者甚众，影响范围甚广，因此除了创造商业价值外，还需承载更宏远的社会理想，为社会创造更多价值。为此，物联网生态品牌亦需纳入“品牌理想视角”。

2.2

物联网生态品牌的标准与定义

基于物联网生态品牌的核心差异点，我们确定了品牌标准的大方向。随后，我们通过访谈行业专家、品牌专家、物联网领军企业高管，同时在中国、美国、英国这三大物联网迅速发展的市场展开网络聆听（Social Listening），获取了专家学者、行业参与者和社会大众对物联网时代品牌的理解和看法。综合专家访谈、网络聆听和案头研究，我们最终明确了物联网生态品牌三大视角下的具体标准 / 指标（如后图所示），并为每条标准 / 指标找寻到了最具代表性的标杆案例。

物联网生态品牌的三大视角、7 项一级标准、19 项二级指标。

物联网生态品牌三大视角下的具体标准：

三大视角	一级标准	二级指标
品牌理想视角	品牌承载为社会创造价值循环的使命	致力于环境和资源的可持续发展
		致力于持续不断地改善人们的生活
		广泛赋能各类企业和创业个体，推动社会经济不断向更高层次发展
用户视角	为用户提供无界的产品与服务	生态拥有的品类 / 行业数量多
	为用户提供个性化且持续迭代的整体价值体验	从场景出发，提供一体化 / 无缝的整体解决方案
		基于用户需求，提供定制化 / 客制化的产品 / 服务 / 解决方案
		通过与用户的持续交互，不断推动产品 / 服务 / 解决方案的迭代创新
	使用户成为品牌的终身用户	高体验度：用户能够持续在生态中获得超越期待的体验
		高共创度：用户愿意与品牌交互，参与产品 / 服务 / 解决方案的共创，从消费者转变为产消者
		高推荐度：用户愿意向他人分享优质的品牌体验经历
		高关联购买：用户拥有多个生态产品，或在购买生态中的产品后又购买了其他相关的生态服务
合作伙伴视角	开放多元，动态优化	生态接入的行业具有多样性
		生态成员的角色类型具有多样性
		生态始终保持开放性和动态优化的机制，确保能不断引入新的合作伙伴，同时亦能对合作伙伴进行择优汰劣
	协同共享，联合共创	具有共享精神（例如，共享底层技术、数据资源或通用的商业能力）
		能够促进生态内的各方实现高效顺畅的合作（例如，设立统一的技术标准、商业行为准则）
		能够让生态合作伙伴充分发挥各自优势，联合共创，共同推出解决方案
	增值分享，共赢共生	物联网生态品牌和生态合作伙伴均实现生态收入的增长
		物联网生态品牌和生态合作伙伴均获得增值分享

品牌理想视角

品牌承载为社会创造价值循环的使命。

如前所述，物联网生态品牌作为时代领导型品牌范式，必须具备清晰的品牌理想。除获取商业价值外，物联网生态品牌还需承担为社会创造价值循环的责任与使命。此处的“为社会创造价值循环”与近年来备受关注的 ESG 概念（环境 Environmental，社会 Social，公司治理 Governance）息息相关，指的是品牌持续不断地为促进可持续发展及提升社会的整体价值做出贡献。这一标准包含三个方面的细项指标：

品牌理想视角

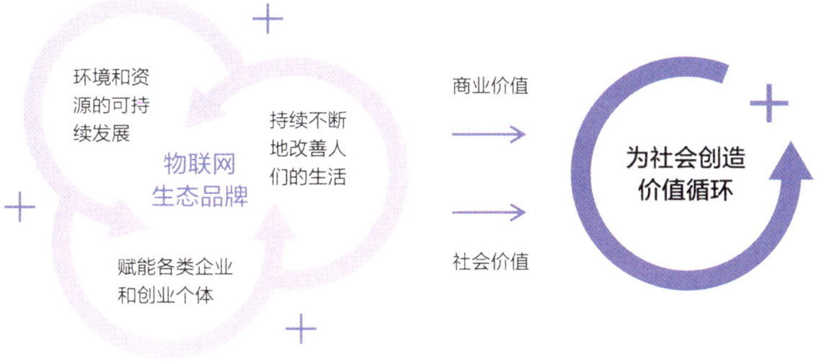

品牌理想视角 | **品牌承载为社会创造价值循环的使命**

致力于环境和资源的可持续发展 1

良好的生态环境是最普惠的公共产品，绿色发展、建设生态文明是保障可持续发展的重要基石。作为物联网时代的领导型品牌，物联网生态品牌更应该在发展中坚持保护环境、保障资源永续利用的理念，积极创造长期价值。

/ 案例 /

西门子致力于通过创新技术解决方案，为每个人及全社会创造更美好的生活。西门子发展战略的重要支柱之一，就是密切关注可持续发展的企业责任感。西门子始终努力在环境资源保护与企业利益之间实现平衡，并通过提供产品和解决方案，实现自身对社会、环境和资源的责任担当。西门子与生态合作伙伴携手合作，在全球多个国家和地区为联合国可持续发展目标的实现做出了贡献。

举例而言，在应对全球空气污染的问题上，西门子城市空气管理数字化软件（CyAM）可以利用人工智能技术预测未来几天的污染情况，并评估潜在应对措施的效果。基于CyAM，政府可以根据客观数据制定长期政策和法律，从而改善空气质量问题。德国纽伦堡市已经在使用CyAM帮助改善多年来的空气污染和温室气体排放问题。借助纽伦堡的物联网使能型系统，西门子从遍布纽伦堡市的传感器中采集空气质量数据。CyAM进一步通过采集的数据来模拟和预测空气环境，帮助市政府制定相应的措施方案，从而有效地将纽伦堡市每日甚至每小时的空气污染量控制在世界卫生组织建议的范围内。[8] [9] [10]

致力于持续不断地改善人们的生活 2

对于一个具有社会责任感的品牌来说，它不仅需要通过保护环境和资源来推动未来的可持续发展，还应致力于解决现实的社会问题，提升人们的物质和精神文化生活水平，进而增进社会的整体福祉。因此，物联网生态品牌应当以人为本，使科技变得更有温度，努力让每个人都能感受到“万物互联”的智能时代所带来的积极影响。

/ 案例 /

作为全球领先的ICT基础设施和智能终端提供商，华为将“把数字世界带入每个人、每个家庭、每个组织，构建万物互联的智能世界”作为公司的愿景和使命，积极承担社会责任。

公司推行“TECH4ALL数字包容行动计划”，通过构建无处不在的联接、催生丰富的应用生态及提升全社会的数字技能，致力于消除数字鸿沟，让数字技术惠及每个人、每个家庭、每个组织。

尽管偏远地区的人们对于上网需求强烈，但由于建网及运维成本高、人口稀少且居住分散等因素，很少有运营商和设备商愿意投入精力进行农村网络创新方案的研究。针对这一问题，华为积极展开行动，专门定制了RuralStar创新农网系列解决方案，为农村、山区、海岛、沙漠等偏远地区提供低成本、超远距离的语音和数字接入。在非洲肯尼亚，华为RuralStar为当地村民提供4G网络，以及Mobile Money（手机钱包）、E-commercial（电子商务）等创新业务，方便了当地村民的日常生活。在四川大凉山地区，华为 RuralStar 为彝族居民提供 4G 网络，村民可以与在外地打工的亲人流畅地进行视频聊天，也可以通过电子商务平台将当地特色的产品快速投放到市场上。华为 RuralStar 使得远程教育、远程医疗等民生服务可以真正在偏远地区落地，极大地提升了偏远地区居民的生活水平。[11][12]

/ 案例 /

起家于科技产业的微软，一直倡导用科技改善生活的企业理念，将平等普惠的思想落实在科技和创新的每个环节。例如，在关爱残疾人方面，微软专门为帕金森患者开发了一款智能手表，帮助患者克服手部颤抖，让他们能够像正常人一样写字画画。

在关注弱势群体的同时，微软也将科技广泛运用于医疗和公共健康领域。在过去几年，微软 AI 技术在医疗健康领域取得了不错的进展。2020 年初，微软启动了 AI for Health 项目，旨在通过人工智能和数据科学工具，赋能非营利性组织、研究人员及机构等。例如，病理切片的解读在中国是一个很大的挑战。中国每 10 万人口仅拥有不到两位病理医生，专业人才非常缺乏。同时，病理切片的筛查判定过程亦极耗时间。而 AI 通过深度学习，可以辅助医生进行病理筛查，让更多数据得以被快速分析，帮助医生提高了诊断效率。

在此次新冠疫情中，微软加速推进 AI for Health 项目，为处于新冠疫情研究一线的科研人员提供支持。例如，微软为“抗击新冠肺炎高性能计算联盟”组织提供强大的计算资源，同时助力华盛顿大学健康测量及评价研究所对其发布的新冠肺炎数据进行内容可视化及未来预测。微软亚洲研究院的研究人员基于其在计算生物学、数据分析等领域的专业知识和研究经验，建设了新冠数据分析网站 COVID Insights（covid.msra.cn），希望透过数字表面，更深入、多角度地分析新冠疫情的相关数据。[13] [14]

广泛赋能各类企业和创业个体，推动社会经济不断向更高层次发展 3

物联网生态品牌连接不同行业、不同品类的众多合作伙伴，能提供丰富的资源，同时也拥有全面的技术及商业能力，因而对社会经济有着举足轻重的影响。更大的影响力也赋予其更大的责任。物联网生态品牌应通过共享资源、分享经验能力，赋能各类企业和创业个体，助力其产业升级、快速发展，使整个生态系统乃至其所辐射的社会经济都呈现出生机盎然、生生不息的景象。

/ 案例 /

海尔卡奥斯作为全球首家引入用户全流程参与体验的工业互联网平台，广泛赋能各类企业，覆盖房车、建陶、服装、机械等15 个行业，在采购、设计、制造、物流、服务、交互、营销等各环节帮助企业提升能力。

以服装行业为例，海尔卡奥斯帮助企业更好地了解用户，并实现大规模定制生产，减少库存，提升整体效率。海思堡是一家传统的牛仔服装生产企业，海尔卡奥斯帮助其优化流程，实现与用户零距离的交互。用户可以直接参与海斯堡服装的生产过程，自主选择款式和面料。如今，海思堡每天约有两千件牛仔服装的定制化订单，直接由工厂发货到用户家中，大大降低了库存。

同时，海尔卡奥斯也帮助企业实现了用户体验的持续迭代。用户购买定制服装后，对服装的洗护和储存有了更高的要求。海思堡通过海尔卡奥斯工业互联网平台，与使用海尔衣联网的智能洗衣机和智能衣柜的用户连接，能够获取并实现用户新的定制需求，使用户获得不断迭代的体验。此外，借助海尔卡奥斯的生态圈，海思堡也与一百多位优秀设计师和十多家 AI 企业建立了广泛的合作。

与海尔卡奥斯合作后，海思堡的生产效率提高了 28%，交货周期从 45 天缩短至 7 个工作日，服装起订量从 1000 件降低至 1 件，库存降低了 35%，定制产品毛利率从 12.5% 提高到了 40% 以上，是原先的 3.2 倍。[15]

用户视角

除了要具备品牌理想外，从 C 端 / B 端用户视角出发，物联网生态品牌还应满足以下三大标准：为用户提供无界的产品与服务、为用户提供个性化且持续迭代的整体价值体验、使用户成为品牌的终身用户。

第一，为用户提供无界的产品与服务。

这里“无界”的含义是指产品与服务非常丰富，且可以根据用户衍生的新需求不断拓展。这种丰富性可以通过生态中的品类 / 行业的数量来进行衡量。

第二，为用户提供个性化且持续迭代的整体价值体验。

第三，使用户成为品牌的终身用户。

用户视角 | **为用户提供无界的产品与服务**

生态拥有的品类 / 行业数量多

目前物联网相关领域的许多领先品牌都非常重视此类指标，会持续在财报或公开报告中追踪平台支持的品类数、设备种类等。例如，作为海尔物联网生态系统的一个标志性平台，海尔智家 APP 支持冰箱、酒柜、洗衣机、空调、热水器、厨电、净水器、家具、安防和其他智能硬件等73个品类超过6000个型号的互联和操控。

/ 案例 /

海尔	海尔智家 APP 支持	品类数 73 个，型号 > 6000 个	(2020)
阿里巴巴	天猫精灵 IoT 开放平台支持	品类数 > 100 个[16]	(2020)
华为	华为 HiLink 平台支持	品类数 > 100 个[17]	(2019)
亚马逊	内置 Alexa 的设备	种类数 > 150 个[18]	(2019)

用户视角

除了要具备品牌理想外，从 C 端 / B 端用户视角出发，物联网生态品牌还应满足以下三大标准：为用户提供无界的产品与服务、为用户提供个性化且持续迭代的整体价值体验、使用户成为品牌的终身用户。

第一，为用户提供无界的产品与服务。

第二，为用户提供个性化且持续迭代的整体价值体验。

除了提供无界的产品 / 服务，成为物联网生态品牌还意味着品牌要能为用户提供三种重要的价值利益点：无缝整体、定制化 / 客制化及持续迭代。

第三，使用户成为品牌的终身用户。

从场景出发，提供一体化、无缝的整体解决方案 1

如前所述，物与物的互联互通使得单个产品 / 服务无法满足用户的需求，品牌需要提供基于场景的整体价值体验。因此，物联网生态品牌要能够超越单个产品 / 服务，从场景出发，整合多项产品和服务，形成一体化、无缝的整体解决方案。

/ 案例 /

海尔疫苗网率先推出的物联网智慧疫苗接种解决方案，通过人、机、苗的互联互通，可追溯到最小单支包装，为用户及其他利益攸关方提供了储存、取苗、接种、留观等全流程的一体化无缝体验，实现精准取苗零差错、问题疫苗秒冻结、追溯接种全过程。

对于疫苗接种者来说，海尔疫苗网通过“人”和“苗”信息的自动匹配，提供预约、接种、留观全流程的一体化规范服务。家长可以通过手机端提前查询预约，在接种点通过现场屏幕、手机端等方式进行信息核对，也能够对疫苗信息、冷链信息、医护人员信息全程跟踪，确保了注射流程信息透明，加强疫苗接种信任感和安全度。同时，海尔疫苗网关注体验细节，在接种点创设了儿童乐园、专属主题装饰、动画片播放等场景，为小朋友提供富有乐趣的场景体验。

对于接种点和政府来说，海尔疫苗网通过智能化、信息化的升级，避免人为差错，使疫苗接种管理更科学有序、高效准确，打通疫苗安全的“最后一公里”，大大提高政府监管水平。截至目前，海尔疫苗网已覆盖全国 28 个省市的 1000 多家接种点，累计保障百万儿童接种安全。[19]

/ 案例 /

Bayer Crop Science 基于 AWS IoT Core 构建了关于种子生长的一体化物联网解决方案。

该 IoT 解决方案可在种子种植、生长、收割、运输等不同阶段对所有与种子相关的数据进行一体化收集，同时还可实现数据收集、处理和分析的一体化。

在种子的种植和生长阶段，该方案可对影响种子生长的各项数据（如温度、湿度及土壤状况等）进行实时的一体化收集。收集来的数据会被放在云端进行实时的处理和分析。如果发现某一特定批次的种子由于温度或湿度而不能很好地生长，种子公司就可以快速为种植者制定更理想的小气候方案。

在收获季节，该方案平均每天可收集 100 万个性状信息。数据分析师可以使用移动设备快速查看和分析来自作物收割机传感器的数据，继而在田间采取必要的纠正措施，满足客户对于质量控制的要求。[20]

基于用户需求，提供定制化 / 客制化的产品 / 服务 / 解决方案 2

物联网生态品牌还要适应物联网时代“个性化社群经济”蓬勃发展的趋势，针对不同用户的不同需求，为他们提供精准的定制化 / 客制化的产品 / 服务 / 解决方案，使用户充分感受到自身的需求被尊重和认真对待。

/ 案例 /

天猫精灵的多款智能音箱均可实现用户定制化的需求，打造独特的用户体验。

天猫精灵智能音箱 CCH 独特的“专属故事”功能，可以通过个性化的 TTS 技术（Text To Speech，即“从文本到语音”），营造出家长亲自给儿童讲睡前故事的情景。家长仅需要花一些时间，按要求在天猫精灵 APP 录制 5 段小故事，天猫精灵即可通过 TTS 技术，以父母的声线朗读出故事。AI 学习 8 小时后可转化成 400 个故事的音频内容，足以帮助家长应对多个因晚归而错过陪伴孩子的夜晚。

天猫精灵智能音箱方糖 R 创立了“糖粉计划”，允许品牌、明星和 IP 定制天猫精灵方糖 R 的产品颜色、外观、特殊功能及权益。比如，星巴克版方糖 R 的机身颜色就采用了标志性的星巴克绿，同时配以带有咖啡师小熊的个性外壳。在关联了星巴克账号和收货地址后，星巴克版方糖 R 可以帮助用户点单星巴克的饮品和小食。在用户收到货后，它还可以让天猫精灵播放星巴克的音乐，让用户在家即可体验到在咖啡馆中的氛围。[21][22][23]

/ 案例 /

2020 年 4 月 28 日，上海市消费者权益保护委员会公布了“2020 体验上海”消费体验馆遴选结果，海尔智家 001 体验中心等 21 家体验馆入选，它们从多个方面诠释着上海作为全球城市的多彩体验。

在上海海尔智家 001 体验中心，最受用户欢迎的是智慧阳台场景解决方案。而这个方案最初的版本是在用户阳台上放置洗衣机和干衣机组合，形成“洗烘联动”，这个组合深受上海用户的喜爱。海尔智家在与更多用户的交互中，发现用户对阳台使用场景有许多不同的需求，例如，有用户提出希望将阳台打造成健身的空间，有用户提出想将阳台打造成宠物娱乐空间。因此海尔智家联合多个行业的生态方，设计和迭代出洗护阳台、收纳阳台、休闲阳台、萌宠阳台、绿植阳台等 7 大类 50 多种智慧阳台场景解决方案。

为了满足越来越多用户的个性化智慧家庭场景需求，海尔智家基于长期积累的智慧阳台、智慧厨房、智慧客厅、智慧卧室、智慧浴室等场景解决方案定制经验，在 2020 年 9 月 11 日发布了全球首个场景品牌——三翼鸟。目前，三翼鸟围绕衣、食、住、娱等智慧家庭全场景需求，与用户、生态方交互共创了 3 万多个场景解决方案。

/ 案例 /

C3.ai是一家专注于加速数字化转型的领先人工智能软件提供商。

C3.ai 的核心服务是提供端到端平台，以在大规模生产中开发、部署和运行人工智能、预测分析和物联网应用程序。C3.ai 的云平台提供全面的产品和服务，可满足开发人员、数据工程师和数据科学家的不同需求，将应用程序大规模投入到生产运营中。大多数组件都基于开源软件，例如 PostgreSQL、Cassandra、Kafka 和 Hadoop。此外，平台拥有模块化、开放式的形态，因此客户可以变换首选的工具和组件。无论是集成开发环境、数据平台、人工智能与机器学习框架和工具，还是 DevOps 组件，C3.ai 都可以让客户基于自身的需求进行选择，真正实现了服务和解决方案的定制化。例如，BHGE 联合 C3.ai 共同为油气行业提供新型 AI 智能工具。C3.ai 通过端到端集成工具和模块化组件，为 BHGE 定制开发了 BHC3 Reliability 系统体系。此系统不仅能部署在油气行业的所有部门，而且能通过客制化应用于陆地和海上平台、压缩站、炼油厂和石化工厂的资产维护及流程监控中，精准满足客户在减少运营停机时间和提高生产率等方面的需求。[24] [25] [26]

通过与用户的持续交互，不断推动产品 / 服务 / 解决方案的迭代创新 3

物联网生态品牌所提供的产品 / 服务 / 解决方案不是一次性或静止的。在物联网时代，交易完成不再意味着品牌与用户关系的结束，而是新一轮交互的开始。物联网生态品牌要能够通过与用户的持续交互，不断挖掘新的用户需求与痛点，推动产品 / 服务 / 解决方案的迭代创新。

/ 案例 /

从提供产品到提供服务，再由服务扩大到提供解决方案，GE 一直致力于改革传统工业，推动物联网工业的发展。

GE 开发了一套名为“Predix”的工业物联网平台，通过整合设备、监测 / 分析软件、云服务和应用程序，互联互通各种复杂技术，指导工业企业有效管控、运营转型，开启其工业物联网旅程，实现其在价值网络中定位的再合理化。凭借 Predix 数据平台在物联网相关产业的布局，GE 能将工业价值网中其他节点上的相关合作伙伴也连接起来。同时，利用 GE 在工业领域积累的百年经验和能力，GE 可以有效赋能合作伙伴并与其携手不断优化解决方案、提升效率。此外，GE Predix 还利用自身的物理和工程基础模型及统计和启发模型，对工业数据进行科学处理，并通过对工业业务流程的不断学习来迭代解决方案。

作为其中一个最佳案例，Dattabot 联合 GE Predix 平台，共同为印尼农业企业开发了 HARA 智能农业系统，帮助印尼实现现代数字化农业转型。基于 Dattabot 在印尼的多领域大数据资源积累和成熟的分析技术，结合 GE Predix 的模块化服务 / 产品、模型搭建和多维物联的特性，双方不仅实现了软件开发过程中的多维数据整合与分析，同时也精简了开发所需的流程，加快了迭代速度。另外，在软件落地应用后，系统也能通过设备互联，实时侦测和分析数据，并反馈给终端，推动解决方案的不断优化和迭代。基于 GE Predix 和 Dattabot 的持续交互及不断迭代的创新，HARA 的开发时间从 2 年缩短到 1 个月，帮助印尼农业实现了数字化转型。同时，在 HARA 系统的智能持续优化方案下，印尼的谷物收成提高了 60%，同时所需的资源投入减少了 50%，农作物歉收率降低了 25%。[27] [28]

/ 案例 /

海尔智家通过社群交互，广泛征集用户对洗衣机的需求和意见，发现“大容量”“静音”“草叶、汁水等特殊污渍能清洗干净”是用户的代表性需求。技术团队通过实验室研究，从水温、转速、水位等不同参数中研究出具有特渍洗功能的“云熙洗衣机”。该产品一炮打响，云熙一代首发即实现首日 15.6 万单的预订量。之后，海尔智家通过社群的持续交互快速迭代新品：云熙一代上线用时 3 个月，云熙二代用时 2 个月，云熙三代只用了 45 天，在短短一年的时间内迭代了三次。迭代产品首发销量较上一代有超过 30% 的提升，价格提升超过 10%。作为市场上的明星产品，云熙洗衣机不断刷新销售纪录，2017 年销售 34 万台，2018 年销售 62 万台，2019 年销售 81 万台。

用户视角：

为用户提供个性化且持续迭代的整体价值体验

用户视角

除了要具备品牌理想外，从 C 端 / B 端用户视角出发，物联网生态品牌还应满足以下三大标准：为用户提供无界的产品与服务、为用户提供个性化且持续迭代的整体价值体验、使用户成为品牌的终身用户。

第一，为用户提供无界的产品与服务。

第二，为用户提供个性化且持续迭代的整体价值体验。

第三，使用户成为品牌的终身用户。

从用户视角看，想要被称为生态品牌，还要让用户乐意成为品牌的终身用户。在这里，“终身用户”是指始终对生态保持高黏性的用户，即拥有高体验度、高共创度、高推荐度和高关联购买的用户。终身用户不再只是消费者，而是同时成为品牌的产消者、首席体验官和首席推荐官。

用户视角 | **使用用户成为品牌的终身用户**

高体验度：用户能够持续在生态中获得超越期待的体验

1

与互联网时代常用的“用户活跃度”指标不同，“高体验度”并不只是简单衡量用户的登录状态或停留时长等单一行为，而是聚焦于用户是否在与生态的交互中获得了超越期待的体验。只有用户在与品牌的每一次交互中都收获了超出期待、难以忘怀的体验，他们才能真正与品牌建立深层的连接，慢慢沉淀为品牌的铁杆用户。因此，“高体验度”是成为终身用户的基础。

/ 案例 /

亚马逊运用人工智能和机器学习优化产品功能，预知用户需求，提升用户体验。

亚马逊推出的 Alexa Hunches 功能，可以利用人工智能来分析用户的日常行为，并自动给出相关的建议。例如，当用户发出“Alexa，晚安”类似的命令时，Alexa 会自动检查家中各设备的状态。如果车库灯还没有关闭， Alexa 会提醒用户“晚安！顺便说一句，我注意到车库灯是打开状态，需要我帮忙关闭吗”。当用户询问“纽约的天气”类似的问题时，Alexa 会自动判定后面的问题是否还和“纽约”相关，可以更加智能地帮助解答纽约的交通或景点等问题。

在用户使用与 Alexa 相连接的其他智能家居产品时，Alexa Hunches 功能可以在使用步骤上提供支持和反馈，免去用户自己摸索尝试的烦恼。[29] [30]

高共创度：用户愿意与品牌交互，参与产品 / 服务 / 解决方案的共创，从消费者转变为产消者 2

品牌真正的铁杆用户喜欢和品牌“玩在一起”，他们会积极主动地参与到产品 / 服务 / 解决方案的研发设计、传播沟通和迭代中。对于品牌而言，这些用户已经不再是单纯的消费者，而是转变为产消者，持续不断地为品牌献计献策，与品牌共同成长。

高推荐度：用户愿意向他人分享优质的品牌体验经历 3

成为终身用户还意味着用户要对品牌具有“高推荐度”。在互联网时代，推荐度的衡量指标通常是净推荐值（NPS，Net Promoter Score）。关于用户对物联网生态品牌是否具有“高推荐度”，我们不应单纯衡量用户是否愿意推荐某品牌的产品 / 服务

/ 解决方案，而要衡量用户是否愿意向他人分享品牌的优质体验 / 经历。向他人推荐某品牌的产品 / 服务 / 解决方案可能只是出于想要获得返利奖赏的动机，而愿意向周围的人分享自己难忘的品牌经历，则说明用户真正发自内心认可品牌。同时，相比简单的推荐，对品牌体验和经历的分享也更容易打动他人，更容易成功唤起他们对品牌的好感。这些愿意分享他们品牌故事的用户才是品牌真正的首席推荐官。

高关联购买： 用户拥有多个生态产品，或在购买生态中的产品后又购买了其他相关的生态服务 4

最后，终身用户还需具备“高关联购买”。“高关联购买”是指用户同时拥有几个生态产品，比如小米追踪的“拥有五件及以上连接小米 IoT 平台的设备（不包括智能手机及笔记本电脑）的用户数量”；或者用户在购买生态中的产品后又购买了其他相关的生态服务，比如，搭载“物联网支付”的海尔净水机，在获得用户授权后，当监测到滤芯需要更换时，系统会自动下单滤芯，并直接为用户送货上门和安装；同样搭载“物联网支付”的海尔墨盒洗衣机，也实现了在洗衣液即将用罄时，自动为用户下单墨盒洗衣液并送货上门的服务。[31] 高关联购买是“高体验度、高共创度、高推荐度”自然延伸的结果，也是检验终身用户的一个重要的行为指标。一旦用户成为品牌的终身用户，他们在生态中的购买行为就不会是一次性的。终身用户将会持续不断地在生态中开展各类交易。

/ 案例 /

小米一直在财报中追踪“拥有五件及以上连接小米 IoT 平台的设备（不包括智能手机及笔记本电脑）的用户数量”。在 2020 年第一季度财报中，此类用户数增至 460 万，同比增长 67.9%。

小米的物联网设备会主动发起相关推荐，促进用户的关联购买。例如，当小米加湿器监测到用户水质不佳时，会推送净水器产品；小米电饭煲则会根据用户喜好推荐大米品牌。小米的物联网设备也会及时提醒用户进行耗材购买，例如当空气净化器或净水器滤芯即将耗尽时，这些设备会自动为用户推荐可以购买的相关产品。[32][33]

尽管一些品牌已开始在上述“四高”的某些领域有所行动，但极少有品牌将“终身用户”的概念完整地付诸实践。在对这一全新概念的探索上，海尔的实践走在了时代前列，对许多品牌具有一定的启发意义。

区别于聚焦单品、追求送货速度的传统物流模式，海尔集团旗下的日日顺物流根据用户在健身、出行、居家等不同场景中的实际需求，在为用户提供“按约送达，送装同步”的物流服务基础上，提供全流程个性化的场景物流解决方案。以日日顺物流健身场景解决方案为例，疫情期间，日日顺物流打造了全民宅家健身活动“日日顺物流阳台马拉松”，为用户提供极致的健身场景体验。

高体验度

物联网时代，用户需要的不仅是一台健身器材，更是健身这个场景带来的健康体验。日日顺物流从交付给用户的健身器材入手，将由此衍生的需求作为定制场景物流解决方案的突破口。

在场景物流的全新模式下，日日顺物流不断拆解用户的健身需求。针对用户在阳台、客厅等场景关于塑形、减脂、减压等个性化健身需求，日日顺物流通过推出跑步知识科普、花式跑步机玩法、健康饮食推荐等活动，与用户进行多样化的交互，为用户定制健身场景解决方案，打造适合用户个人乃至全家的健身场景“爆款”方案。用户体验也从简单的健身器材选购、配送、使用，拓展到了集运动、饮食、洗护等于一身的全方位全场景体验。

高共创度

自启动以来，“日日顺物流阳台马拉松”全网累计交互量超过 1600 万，180 万人次参与健身体验云众播（“体验云众播”与“直播”相对应，并不是“由网红主导，以销量为目的”，而是“由普通用户、创客、生态方主导，以提升基于场景的用户体验为目的”），吸引了 30 多家优质生态方加入。在品牌方、创客的众播间中，用户可以就其感兴趣的点与品牌进一步展开积极讨论；在用户的众播间中，品牌方和创客也可以细心抓取用户的兴趣点与痛点，以进一步改善产品与服务。“众播”是嵌入用户社群的触点网络，品牌与用户可深度且无边界地交互，产生具有新价值的场景解决方案。活动中，围绕用户的居家健身、科学减脂等需求，日日顺物流与用户、生态方通过交互共创，定制了 2000 余个居家场景解决方案，覆盖健身、饮食、饮水、洗护等方方面面，极大地丰富了用户的居家健身体验。

高推荐度

在“日日顺物流阳台马拉松活动”中，用户借助海尔智家 APP、日日顺到家 APP、抖音、一直播、微赞等多个平台，既可以“零距离”获得居家健身场景方案，还可以通过体验云众播，将这种身临其境的体验感传递出去，并与其他健身爱好者实时互动。

参与分享的用户有展示如何利用网课间隙在阳台高抬腿跑的大学生，有教大家如何利用阳台进行开背锻炼的瑜伽达人，还有在阳台借助工具练习乒乓球的七岁小朋友……用户对其优质品牌体验的分享将该活动变成了一场全民分享的联欢。

高关联购买

受益于日日顺物流对于用户个性化场景需求的精准把握及日日顺平台对生态合作伙伴的强大吸引力，在“日日顺物流阳台马拉松”众播活动中，用户在享受运动健身体验的同时，还可享受到日日顺联合合作伙伴开发的健身饮水方案、健身饮食方案、健身康养方案等一系列场景解决方案，获得定制功能饮料、营养餐、康养教程等个性化定制服务。有 15% 的健身器材用户会通过日日顺平台购买健身相关的周边产品 / 服务，如运动耳机、塑形饮食方案等。日日顺物流在满足用户场景需求的过程中，保持了用户的高黏性，收获了更多终身用户。[34]

用户视角：

“四高”——终身用户

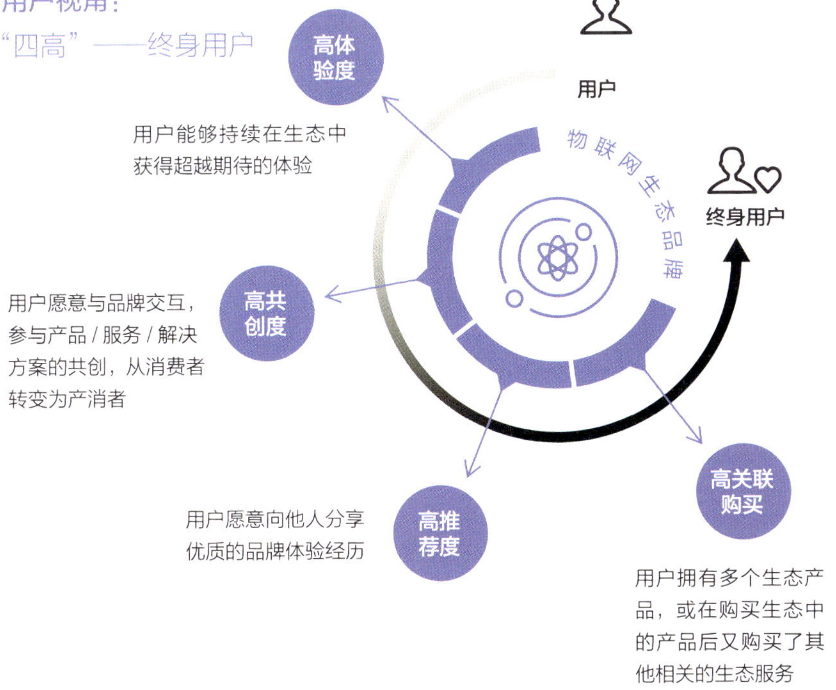

合作伙伴视角

从生态合作伙伴的视角出发，物联网生态品牌需要满足以下三大标准：生态开放多元，能够动态优化；在合作过程中生态各方可以协同共享，联合共创；最终实现增值分享，共赢共生。

第一，开放多元，动态优化。

要能被称为生态品牌，品牌需要具备像“热带雨林”一样的开放生态，鼓励多方加入。同时，生态中的成员也需要具备多样性，或来自不同行业，或承担价值链上的异质角色。最后，尽管加入生态的门槛较低，生态要能够通过择优汰劣、动态优化，确保其始终拥有高质量的成员。这一标准可以被拆分为以下三个具体的细项指标。

第二，协同共享，联合共创。

第三，增值分享，共赢共生。

合作伙伴视角 | 开放多元，动态优化

生态接入的行业具有多样性 1

行业多样性是反映生态多元程度的一个重要指标。“一木不成林”，只有汇聚百业才能具备强大的网络效应和抗风险能力，也才能真正被称为“生态”。目前，物联网领域的一些领先品牌已经开始追踪其所覆盖的行业数量。

/ 案例 /

海尔 海尔卡奥斯工业互联网平台覆盖 行业数 > 60 类

（数据统计截至 2020 年 6 月，以《International Standard Industrial Classification of All Economic Activities, Revision 4》为分类标准）

华为 华为云 IoT 物联网平台覆盖 行业数 > 50 类

（数据统计截至 2019 年底）[35]

生态成员的角色类型具有多样性 2

生态成员角色类型的多样性类似于"物种多样性"，是衡量生态多元程度的另一项重要指标。只有多种异质性角色并存，相互作用、互为补充，才能被称为一个功能完善、丰富的生态。生态成员角色的多样性有利于成员间通过碰撞、融合，产出创新的成果。

海尔	海尔卡奥斯工业互联网平台包括基础服务提供商、物联网服务商、应用软件开发者、产品及服务提供者、解决方案集成商、技术合作资源等多种类型的合作伙伴。
华为	华为云 IoT 平台拥有软件集成商、硬件集成商、系统集成商等合作伙伴。[36]
阿里巴巴	阿里云 IoT 平台拥有软件合作伙伴、硬件合作伙伴、系统集成商合作伙伴及电子元器件合作伙伴。[37]
百度	Apollo 自动驾驶开放平台拥有汽车制造商、一级零部件供应商、芯片供应商、传感器供应商、交通集成商、出行企业等合作伙伴。[38]
亚马逊	亚马逊将 IoT 生态内的成员角色分为咨询合作伙伴和技术合作伙伴两大类。其中，APN 咨询合作伙伴负责提供咨询服务；APN 技术合作伙伴又可根据其在 AWS IoT 价值链上承担的不同角色分为边缘技术合作伙伴、连接技术合作伙伴、网关技术合作伙伴、平台提供商技术合作伙伴等。[39]

微软	微软拥有解决方案聚合商、系统集成商、独立 IP 解决方案提供商、设备制造商等合作伙伴。[40]
西门子	西门子 MindSphere 平台拥有系统集成商、应用开发 / 独立软件开发商、混合型 OT 合作伙伴、数据技术合作伙伴、连接技术合作伙伴及咨询 / 战略规划合作伙伴。[41]

生态始终保持开放性和动态优化的机制，确保能不断引入新的合作伙伴，同时亦能对合作伙伴进行择优汰劣 3

开放和动态是生态的重要标志。通过在放宽准入的基础上建立动态优化的机制，生态品牌在确保拥有源源不断合作伙伴的同时，也保证了合作伙伴的质量。需要特别说明的是，动态优化、择优汰劣的最终决定权在用户手中，用户通过其实际的购买行为对各个生态伙伴的价值做出了评判。

/ 案例 /

华为 HiLink 生态倡导“打破藩篱、专注特长、共建生态”的开放体系，旨在联合开发者、硬件厂商、服务提供商打造智能家居美好体验。

华为 HiLink 生态通过提供灵活多样的 3 种生态合作模式，使各类伙伴都能找到适合自己的生态接入方式，保持了生态的低门槛和开放性：

1.“华为智选”专注深度合作赋能，华为与合作伙伴联合创新、定义生态产品，致力于打造体现 IoT 最高体验标准的生态爆品；

2.“Works with HUAWEI HiLink”，致力于开放能力，使生态伙伴产品接入 HUAWEI HiLink 体系，兼容 HUAWEI HiLink 的标准，助力合作伙伴产品的智慧体验，适合广泛批量合作；

3.“云云对接”则使得合作伙伴的硬件无须再集成 HUAWEI HiLink 协议，只需通过 WiFi、蓝牙等连接到云上，即可使用华为的 APP / 语音来控制，极大地降低了加入华为生态的门槛。

在保持开放性的同时，华为始终坚持以消费者为中心，通过构建 HiLink 认证质量防护网，确保了生态伙伴产品的质量。华为和第三方认证实验室携手，在 HiLink 认证测试方法研究、测试标准制定方面进行合作，共同构建智能家居生态质量保障体系，确保 HiLink 生态的健康快速发展。[42][43][44]

/ 案例 /

IBM 为了加速物联网生态建设和赋能生态伙伴，启动了“PartnerWorld”业务合作伙伴计划。此计划根据合作伙伴的需求，建立三大合作分支，支持合作伙伴以多种方式灵活参与 IBM 的合作生态：“构建”分支，适用于想要构建创新产品的合作伙伴；“服务”分支，适用于想要提供增值服务的合作伙伴；“销售”分支，适用于想要销售产品和服务的合作伙伴。

同时，为了确保生态的不断优化，IBM 定制了一整套资质等级系统和技术认证。通过对技术能力、专业知识以及交付高价值解决方案的客户成功案例等指标的评估，IBM 将合作伙伴分类为注册级、银级、金级和白金级。不同的等级代表不同的竞争能力。等级越高，就能享有更多额外的权益和支持。不仅如此，在合作伙伴的能力建设过程中，IBM 也会提供培训和技术指导。合作伙伴可以通过 IBM 的专业技术考核，获取相应的技术证书和徽章。

凭借开放的门槛和良好的评级系统、激励机制，IBM 不仅能吸引到更多企业加入生态，同时也能促进生态合作伙伴的积极发展与提升。IBM 因而得以不断优化其生态环境，始终保持生态的高质量发展。[45] [46] [47] [48]

/ 案例 /

海尔衣联网的智慧阳台场景以“符合用户需求聚、违背用户需求散”的动态机制，积极吸引各行业生态方加入。以晾衣机为例，海尔衣联网依靠智慧阳台领先的业务模式和海尔强大的品牌号召力，吸引了该行业 TOP 5 品牌加入智慧阳台的生态体系。但随着用户对智慧阳台解决方案体验要求的提高，TOP 5 品牌中有 2 家生态方被淘汰。

合作伙伴视角

从生态合作伙伴的视角出发，物联网生态品牌需要满足以下三大标准：生态开放多元，能够动态优化；在合作过程中生态各方可以协同共享，联合共创；最终实现增值分享，共赢共生。

第一，开放多元，动态优化。

第二，协同共享，联合共创。

除了吸引多元、高质量的生态合作伙伴，生态品牌还要通过对它们进行有效的赋能，确保合作伙伴之间能够高效顺畅地合作，联合共创整体解决方案。具体而言，这就要求物联网生态品牌同时具备以下几点。

第三，增值分享，共赢共生。

合作伙伴视角 | **协同共享，联合共创**

具有共享精神 1

正如自然生态为生命体成长提供了水、阳光、空气等必要元素，物联网生态也应该为生态内的合作伙伴提供一些公共资源或通用的基础服务，以帮助它们降本增效、快速成长。这里共享的资源和服务可以有多种类型，既可以是底层技术、数据资源，也可以是组织 / 运营 / 营销等通用的商业能力。

/ 案例 /

为了支持合作伙伴的发展创新，微软在物联网技术和销售双层面为合作伙伴提供了广泛的共享资源。

在技术层面，微软通过提供开源、预配置的“解决方案加速器”帮助合作伙伴更快捷地开发出适用于不同垂直行业或者应用场景的物联网解决方案。目前，微软提供的第一方“解决方案加速器”包括远程监控、互联工厂、预测性维护、设备模拟等解决方案。这些共享的“解决方案加速器”能够使合作伙伴利用通用的架构框架开发可复制的解决方案，尽可能地帮助它们降低开发风险和成本，更高效地利用资源。受益于此，合作伙伴可以将更多精力集中于战略创新。

在销售层面，微软为拥有行业创新力和优秀解决方案的合作伙伴创造了联合销售（Co-Selling）服务模式。微软借助其品牌和市场影响力，为合作伙伴介绍客户资源和销售线索，帮助合作伙伴拓展丰富的商机。[49 50 51]

/ 案例 /

华为通过共享“赋能三件套”和“四大能力中心”，让 IoT 开发变得更加简单高效。

赋能三件套“HiLink 开放平台 + LiteOS 端侧智能系统 + IoT 设备专用芯片”，向业界输出“云、端、芯”三种能力：

· HiLink 开放平台通过开发工具的组件化、可视化和标准化，让一站式 APP 开发成为可能。

· LiteOS 是华为针对物联网研发的专用操作系统，是连接 IoT 硬件与应用的桥梁。独有的轻量化 IoT 端侧开发编程框架 Maple JS，运行性能接近 C 语言，让开发者无须精通嵌入式即可快速开发。

· 华为海思布局的 IoT 专用芯片涵盖连接类和媒体类两大类，厂商可针对产品的实际需求自主选择。

同时，华为通过开放 HiLink 四大能力中心为合作伙伴提供包括产品定义、设计研发、品质认证及营销上市在内的全流程赋能，帮助开发者加速智能升级。四大能力中心包括产品设计 ID 能力中心、IDH（Independent Design House）赋能中心、品质 / 认证能力中心和产品营销能力中心。[52 53 54]

能够促进生态内的各方实现高效顺畅的合作 2

物联网生态品牌除了要通过共享资源助力每一个生态合作伙伴茁壮成长，还要能确保合作伙伴间可以顺畅合作。因此，物联网生态品牌需要设定和执行统一的标准/规则/机制，保证生态内的合作质量和效率。比如，通过确立统一的技术标准及规范，物联网生态品牌为各个合作伙伴产品间的互联互通奠定了基础。再比如，通过设计良好的监管机制，明确生态内的基本合作框架，使得物联网生态品牌得以规范生态内的协作行为，最大限度地杜绝欺诈、谋私利等问题，也让生态不至于陷入“丛林战争”。

/ 案例 /

工业互联网标识解析系统类似于互联网领域的域名解析系统（DNS），是支撑工业万物互联互通的神经枢纽。其中，标识编码是标识解析体系的核心技术支撑，通过标识编码能够为每个产品、零部件、机器设备等赋予唯一的“身份证”。然而，一直以来，家电企业的标识编码体系都存在不规范、不统一的问题，形成了严重的数据孤岛，无法满足跨家电品牌间数据互认、互联互通的需求。

海尔卡奥斯牵头，联合中国信息通信研究院、中国家用电器研究院、上海交通大学、上海持云企业管理有限公司、博西家电、奥克斯电气、上海东土、长虹美菱等单位进行多方共创，共同起草了工业互联网领域的首个家电行业标识编码标准，为全球供应链系统和企业生产系统的精准对接、产品的全生命周期管理和智能化服务奠定了基础。目前，海尔卡奥斯主导及参与了 31 项国家标准、6 项国际标准的制定，在国际三大标准组织 IEEE、ISO、IEC 中主导制定了大规模定制的国际标准，覆盖大规模定制、智能制造、智能工厂、智能生产、工业大数据、工业互联网等 6 大领域，成为全球公认的大规模定制领域标准的制定者和主导者。[55]

/ 案例 /

阿里巴巴集团牵头成立的 ICA 事实标准联盟（IoT Connectivity Alliance）下设 7 个标准工作组，通过统一行业标准实现不同 IoT 设备之间高效的互联互通。7 个标准工作组包括：连接标准组、数据标准组、低功耗广域网标准组、安全标准组、测试认证组、边缘计算标准组、AI 应用标准组。目前，ICA 联盟会员数超过 500 家。[56]

/ 案例 /

小米 IoT 开发者平台，从合作基础、技术及设计规范、运营传播等方面出发，明确平台规范，为实现平台内的设备互联、全面深度合作奠定了基础。小米 IoT 开发者平台合作协议，明确了合作的基本规范；品牌及话术使用规范，确立了在销售运营、市场传播等行为中的规范；小米 IoT 硬件协议规范、嵌入式通用规范、UI 设计规范等，则从技术及设计方面出发保障了标准的统一性与合作的顺畅性。[57]

/ 案例 /

亚马逊一直致力于通过“合作伙伴网络（APN）”和“AWS 设备资格认证计划（DQP）” 促进合作伙伴之间的协同合作。这一方式也同样延续到了构建物联网生态系统中。物联网生态内的参与者可通过 APN 中的 AWS IoT 合作伙伴社区，精准地找到具备某一专业能力、可承担某项特定角色的合作伙伴。同时，“AWS 设备资格认证计划（DQP）”作为一个硬件认证和权益计划，确保了通过认证的设备间可以实现轻松的安全连接，提高了合作伙伴间的协同效率和顺畅性。[58 59]

能够让生态合作伙伴充分发挥各自优势，联合共创，共同推出解决方案 3

与互联网平台不同，物联网生态不仅提供了一个交易的平台，更为生态合作伙伴们提供了一个可以联合共创的场所。物联网生态品牌可以帮助各生态合作伙伴们在设计、研发、制造等全流程中打破行业壁垒，进行跨界共创，共同为用户创造出具有最优价值体验的解决方案。

/ 案例 /

微软在物联网生态的具体实践中采用了合作伙伴匹配模式。该模式以某一合作伙伴的专业能力为核心，以其他合作伙伴为助力，致力于发挥每个合作伙伴的最大优势，共同为客户打造成功的解决方案，拓展业务机遇。

与优势互补的合作伙伴共同努力，除了能带来更快的开发速度、更灵活的规模扩展，及更加深入的专业服务能力外，还将提升方案的投入产出比，切实提升盈利能力。[50]

/ 案例 /

"天猫精灵妙物"是一个面向全行业开放合作的智能家居品牌，旨在联合优质厂商共同开发集创新设计、金牌品质、心动价格三位一体的千万级智能生活爆款产品。

天猫精灵与合作伙伴在选品、设计、方案、销售四个步骤上进行深度共创。在合作过程中，天猫精灵一方面会将语音交互技术、蓝牙和 WiFi 等 IoT 连接能力等封装后输出给合作伙伴，另一方面也会将阿里经济体的商业能力、内容生态等向合作伙伴开放，给到合作伙伴基于大数据的消费者洞察、渠道流量扶持以及爆款产品成熟的方法论。合作品牌则充分发挥其在行业 / 品类上的深度洞察能力及在生产制造、品控和售后服务上的优势。

天猫精灵先后与倍轻松、坚果等品牌合作，打造出了 AI 声控智能眼部按摩仪、天猫精灵智能投影仪"小红盒"等一系列妙物爆款。2020 年"6 · 18"期间，天猫精灵妙物上新了包括各类大小家电在内的 50 款产品，其中 10 款妙物产品的销售额超过千万。[60 61 62]

/ 案例 /

海尔食联网联合食品、物流、健康、家装、娱乐等 12 大类近千家全球美食烹饪生态伙伴，推出三翼鸟智慧厨房解决方案，能够以最快速度、最优体验为用户提供“吃买存做洗”全场景全流程服务。

例如，三翼鸟智慧厨房用户在家只需两步就可以吃到正宗的北京烤鸭：通过海尔智家 APP 或海尔物联冰箱一键下单预制烤鸭坯，用海尔生态蒸烤箱一键启动烤鸭模式，100 分钟后全家人就能品尝到美味的北京传统烤鸭。

用户轻松享受正宗北京传统烤鸭的背后，是海尔食联网与生态方不断共创、持续迭代的结果。以最核心的烤鸭坯为例，前后共迭代了 12 次。海尔食联网与中国烹饪大师张伟利共赴北京雁栖湖养殖场，不断调整海尔生态蒸烤箱智能烤鸭模式的参数和指标，以及鸭坯的预处理方法。经过数十次对比测试之后，终于做出了口味和口感与挂炉烤鸭一模一样的北京传统烤鸭。海尔食联网在了解到用户解冻鸭坯的困扰后，联合张伟利、北京雁栖湖养殖场及惠发食品反复实验，将鸭坯再次升级，确保在无须解冻的情况下即可做出口味正宗的北京传统烤鸭。

解决了鸭坯问题，海尔食联网联合惠发食品升级鸭坯包装，联合顺丰冷运优化配送方式，确保即便从北京送到海口也能保证每一只烤鸭坯都完好无损。

/ 案例 /

PTC 成立于 1985 年，一直在制造业研发领域为全球顶尖的客户提供产品全生命周期的解决方案和服务。PTC 帮助制造企业先于其竞争对手开发出优秀的产品并将其快速推向市场，是 CAD/CAE/CAM/PLM 领域最具代表性的软件公司。

PTC 和微软 HoloLens 联手共创了“HoloLens 2”工业混合现实 MR 技术，共同帮助豪顿公司（Howden）解决传统行业在设备维护和生产流程优化上的痛点。PTC 利用自身顶尖的 AR 技术、Vuforia Studio、以及 ThingWorx 工业物联网平台，帮助豪顿公司快速高效地创建沉浸式 HoloLens 交互体验。在此基础上，通过整合 ThingWorx 工业物联网平台和微软 Azure 平台（云服务集合及物联网相关解决方案平台）的实时和历史 IoT 数据，HoloLens 2 实现了真实设备与混合现实画面中数字模型的数据同步，帮助豪顿公司的一线员工清晰直观地了解设备运转的全部情况。

如此一来，HoloLens 2 不仅能保障设备长期处于稳定高效的工作状态，也能帮助非专业人员快速上手进行设备维修。透过联合共创，PTC 和微软不仅帮助客户解决了行业痛点，同时也推动了混合现实技术在工业领域变革性体验的落地。[63] [64]

合作伙伴视角

从生态合作伙伴的视角出发，物联网生态品牌需要满足以下三大标准：生态开放多元，能够动态优化；在合作过程中生态各方可以协同共享，联合共创；最终实现增值分享，共赢共生。

第一，开放多元，动态优化。

第二，协同共享，联合共创。

第三，增值分享，共赢共生。

最后，物联网生态品牌还要保证生态内的各方在完成价值共创后可以实现价值共享。生态合作伙伴间不应是零和博弈，而要能够共赢共生。只有这样，生态各方在未来才会有足够的动力持续地参与生态共建。在这里，我们引入“生态收入”和“增值分享”两大概念来阐释这一标准。

合作伙伴视角 | **增值分享，共赢共生**

物联网生态品牌和生态合作伙伴均实现生态收入的增长 1

生态收入是指生态各参与方通过与用户交互所产生出的超出生态组织者原有业务外的经济收入。生态收入可以被理解为“基于生态模式所产生的新价值”。比如，基于在生态内与用户的交互，生态各方可以迭代出许多新的解决方案。再比如，生态各方可以通过跨界共创，联合推出许多新的解决方案。这些新型解决方案所带来的新收入即为“生态收入”。一个共赢共生的生态，意味着生态各方均能实现生态收入的增长。

物联网生态品牌和生态合作伙伴均获得增值分享 2

增值分享是指所有生态参与方均可分享在生态合作中获得的增量或溢价。在物联网生态品牌中，生态各方联合共创，共同将蛋糕做大，同时也按照实际贡献的大小分享“蛋糕做大的部分”。互利共赢是增值分享背后的核心思想。只有确保生态各方在合作共创的过程中都能公平地获益，生态才能持续、健康地发展壮大。

/ 案例 /

围绕用户的衣物洗护体验，海尔衣联网不断引入洗染、设备等生态资源方，打造“洗衣先生”洗护品牌，为用户提供衣物洗涤、护理、服装定制、洗化生态产品一站式购买的体验服务。

围绕皮具奢侈品的护理，海尔衣联网整合意大利专业级皮具护理品牌 UNITERS，为用户提供皮具护理服务以及皮具奢侈品护理产品销售，同时与 UNITERS 围绕中国用户的皮具护理需求，联合共创 UNITERS 实验室，可以承接 99% 以上的皮具护理难题，由此打破 UNITERS 在中国市场的空白，帮助 UNITERS 年销售额提升 1000 万元。

同时针对行业门店洗护体验的升级，海尔衣联网引入西班牙干洗机设备资源方尤萨，并联合共创小型干洗机设计研发，通过洗衣先生的触点布局到服装、家纺、洗染行业门店，一方面使得触点门店的流量增加了 20%，另一方面为尤萨带来超过 20% 的收益。

合作伙伴视角

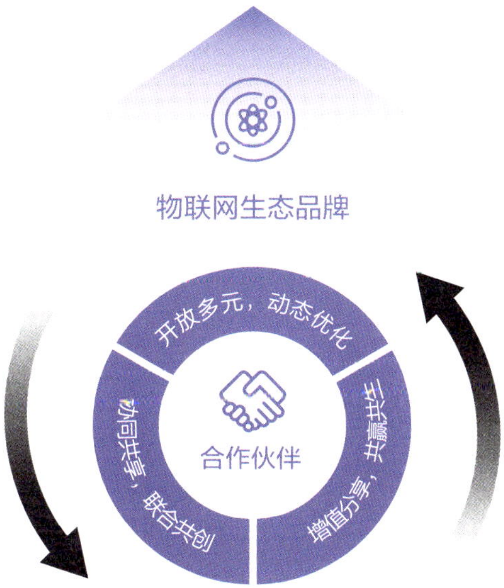

综合品牌理想、用户及合作伙伴视角，我们可以得出**物联网生态品牌的最终定义**：

> 物联网生态品牌是通过与用户、合作伙伴联合共创，不断提供无界且持续迭代的整体价值体验，最终实现终身用户及生态各方共赢共生、为社会创造价值循环的新品牌范式。

这种新型的品牌范式不仅颠覆了人们对品牌的传统认知，也将为品牌在物联网时代筑造起新的护城河。BrandZ™ 最具价值全球品牌 100 强榜单数据显示，那些业已开展新范式相关实践的品牌在品牌价值上的平均年复合增长率高达 18%；相比之下，其他品牌的数值仅为 6%（2015—2020 年）。

相信在不久的将来，生态品牌将成为任何一个想要引领物联网时代的品牌的必修课，也将成为物联网经济体系下品牌演化进程中最前瞻、最突出的形态。

2.3

物联网生态品牌评估模型初探

打造和建设品牌一直以来都是一项复杂的工作。即便是一个单一的品牌，它也已经是一个多维度资产（例如，品牌认知、品牌力、品牌形象等）的集合体。为了助力企业实现其特定的商业目标，品牌各维度资产的组合及管理通常需要经过审慎的考虑和安排。对于运作多品牌的企业，它们则需要形成互补型的品牌组合战略，以更好地满足市场扩张和不同市场的独特需求。而随着商业环境的不断演进和物联网动态变化的生态模式的出现，物联网生态品牌这种全新的品牌范式应运而生。物联网生态品牌的独特之处在于，其一部分功能和价值的实现完全依赖于它与生态系统里其他品牌之间的整合和互动；正是这些品牌共同创造了整体的用户体验。

为了能够全面地评估物联网生态品牌的表现，我们必须将生态品牌自身的复杂性和物联网生态系统在动态性、相关性和整合性方面的特征考虑在内。因此，我们在现有的市场营销理论，以及与关系系统理论相关的经济学和计量经济学文献的基础之上，推导出评估生态品牌表现的全新理论框架。基于这个定义宽泛的理论模型，我们可以对物联网生态品牌及在生态中各个品牌的表现做出精确的评估。

这个理论模型的出发点即是我们在前文所论述的：生态品牌是一个多维度资产的集合体，其一部分功能和价值的实现完全依赖于它与生态系统中其他品牌之间的整合和互动。为了保证理论模型的通用性，我们使用“效用”这一经济学概念来描述生态品牌所能带来的价值。此外，为了能够在模型中体现物联网生态系统在关系整合和互动方面的特性，我们使用了“生态网络外部效用”这个概念，从而进一步衡量生态由于与其中的用户或合作伙伴相连接所增加或减少的价值。简单来说，一个生态品牌所产生的效用既来自品牌自身行为产生的效用，亦来自其生态网络系统所产生的外部效用，即：

生态品牌效用 =

f（核心品牌表现，生态网络外部性）

具象成公式形式，即为：$U_{ie} = U_i + \theta_e U_e$

在这个简化公式中，我们认为生态品牌的总体效用 (U_{ie}) 是品牌自身表现产生的效用 (U_i) 和其生态系统成员表现产生的效用 (U_e)

的加总；其中后者产生的效用与生态成员和生态系统关系的紧密性、对生态系统的依赖性和与生态共同成长的意愿强度 (θ_e) 成比例关系。

正如我们一再强调的，生态品牌自身的表现和生态系统成员的组织构成都比较复杂。为了体现这种复杂性，我们将上述公式做了进一步的扩展，假设一个复杂的物联网生态系统至少由两个重要部分构成：

第一，微生态，包括与生态品牌发生直接互动关系的品牌和企业；

第二，宏观生态，包括了微生态中除生态品牌外其他生态成员之间可能存在的较为疏离或间接的互动关系，以及不同微生态之间的互动关系。

基于此，我们生成了最终的理论模型：

$$U_{ie} = P - \sigma_i d_{ij} + \delta_M \cdot \theta_M C_e + \delta_G \cdot \theta_G C_{E-e} - f_e$$

在这个最终的公式里，$P - \sigma_i d_{ij}$ 是品牌因其自身表现所产生的效用，通过品牌自身定位 (P) 与用户感知到的品牌定位 ($\sigma_i d_{ij}$) 之间的差距来衡量。$\delta_M \cdot \theta_M C_e$ 衡量的是微生态产生的效用，其中包括微生态 (C_e)、其成员组成 (δ_M) 和成员相关性 (θ_M) 三个要素；类似的，$\delta_G \cdot \theta_G C_{E-e}$ 衡量的是微生态所在的宏观生态以及其中其他相关微生态 (C_{E-e}) 产生的效用。另外，我们把生态中产生的协调成本 (f_e) 也考虑在内，加入到这一理论公式中来。

这个最终的理论公式考虑到了物联网生态体系的多维性和复杂性，并将物联网生态品牌在生态不同层级里的关系和表现都涵盖在内。基于这个基础性的理论模型，我们可以进一步搭建实证模型，衡量一个品牌是否是物联网生态品牌，及其整体表现。而我们在之前章节中论述的物联网生态品牌的标准则是此实证模型中的重要输入指标。

第三章 物联网生态品牌的影响

物联网生态品牌的出现，对企业的内外部都将产生根本性的影响。对内，构建物联网生态品牌对企业的组织形态提出了新的要求，企业需要在员工角色、组织结构、管理模式和激励机制等方面开展变革，提升自身的洞察力和反应力。对外，物联网生态品牌将加速跨界创新与资源共享，构建一个平等普惠的社会，把企业对社会的贡献及担当提升到前所未有的高度。

3.1

物联网生态品牌的组织重塑

物联网时代机会丰富多样、变化迅速

物联网是对传统物理世界的一次大改造，所有的行业、品类都面临一次彻底升维，因此物联网本身就蕴藏着丰富的产业机会。同时，由于物联网可以有效捕捉到不同类型的个性化需求，这些机会又具有多样化、高度分散的特点。

另一个不容忽略的事实是：由于技术的不断迭代和用户需求的快速改变，这些机会的变化速度也将越来越快。一方面，正如雷·库兹韦尔在《奇点临近》一书中提到的“技术进化符合加速回归定律”[65]，技术突破的速度正在加快。另一方面，信息的加速分享与传播使得用户需求也在快速改变，且这种不断变化的需求在物联网时代可以被实时捕捉到。

企业需要拥有敏锐的洞察力和敏捷的反应力

基于物联网时代机会的这些特点，企业需要能够更敏锐地洞察市场机会，并能够更敏捷地做出反应。

第一，企业如要保持对市场敏锐的洞

察力，就要让发掘市场机会的工作不再局限于企业高层或个别部门，而是让“人人皆触点”，让每个人都变成企业的传感器，主动自发地寻找市场机会和满足用户需求。

第二，企业如要拥有敏捷反应的能力，就要尽可能地缩短决策链，打破原有的组织内部壁垒，保证发现机会后能够快速行动，打造“灵动型企业”。

组织重塑的四大基石

对于大多数企业，实现以上两点意味着组织重塑。具体来说，企业需要在以下四个方面实现转变：

组织重塑的四大基石

判断标准	从……	>>	到……	标准释义
员工角色	**打工者**	>>	**企业合伙人**	企业和员工从“**雇佣关系**”转变为“**合作关系**”。员工成为**企业合伙人**，自主自发地为用户创造价值，同时也为企业和其自身创造价值
组织结构	**职能部门构成的科层制组织**	>>	**业务小分队联合构成的网状组织**	**打破职能和层级**的划分，围绕**用户需求**组成一个个**直面市场、灵活机动**的**业务小分队**，再由业务小分队并联起企业面向市场的整张网络
管理模式	**管控**	>>	**赋能**	企业减少管控，更多扮演一个**孵化器**的角色。 **赋能**主要体现在： 1. **三权下放**（人事权、财务权、决策权），给予业务小分队充分的自主权 2. **搭建强大的企业中台**，在数据、技术及通用组织职能层面给予业务小分队有力支持
激励机制	**员工做事、企业付薪**	>>	**联合共创、利益共享**	让员工作为企业合伙人充分分享到他们所创造的商业价值，实现“**高贡献、高分享**”

转变
员工角色

从“打工者”
到“企业合伙人”

要让员工有动力去主动发现市场机会，首先要做的就是转变员工的角色定位，将企业和员工的关系从“雇佣关系”转变为“合作关系”，让员工成为企业的“合伙人”。

随着历次工业和信息革命的发展，资本的价值创造能力逐渐降低，企业以资产规模和成本优势构筑起的护城河早已并非牢不可破，取而代之的是“人”在企业价值创造中的重要性不断凸显。无论是技术创新还是商业模式创新，价值创造的源泉都离不开“人”这一核心。因此，企业必须通过改变员工的角色定位，杜绝其打工心态，充分激发他们在价值创造中的积极性、责任心和忠诚度。“企业合伙人”的角色将使员工成为主动的创业者，自主自发地为用户创造价值，同时也为企业和其自身创造价值。

转变员工角色

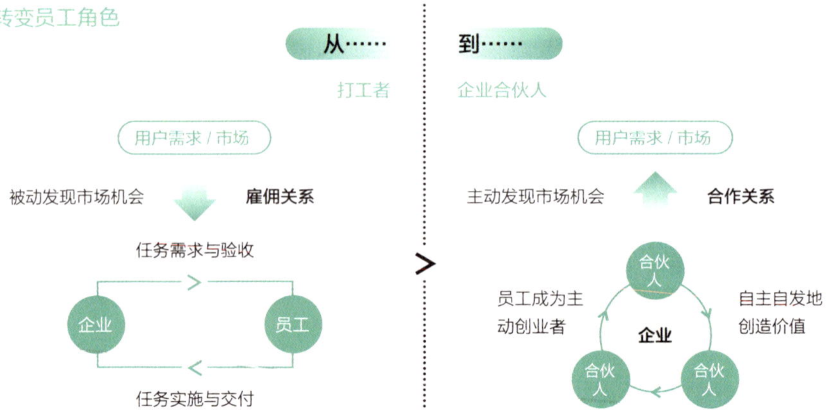
从……
打工者
用户需求 / 市场
被动发现市场机会
雇佣关系
任务需求与验收
企业
员工
任务实施与交付
到……
企业合伙人
用户需求 / 市场
主动发现市场机会
合作关系
合伙人
员工成为主动创业者
自主自发地创造价值
企业
合伙人
合伙人

转变
组织结构

从“职能部门构成的科层制组织”
到“业务小分队联合构成的网状组织”

与技术及商业模式的变革相比，组织结构的演变总是稍显迟滞。当今，许多企业的组织形态依旧没有摆脱科层制的影子，但强调专业分工、层层授权的科层制显然已经无法适应物联网时代的发展。

传统的科层制组织采用的是金字塔式的层级结构，层层上报的决策链使得企业无法快速做出决定；而一个个建立在专业职能分工上的筒仓式部门壁垒森严，又加大了跨部门合作的难度。同时，科层制的组织形态往往过于强调标准化和一致性，管理偏向一刀切，不能充分考虑不同业务单元的实际经营情况。

然而，物联网时代的用户需求瞬息万变，企业必须能够根据一线的实际情况灵活应变，及时发觉市场机会，快速推出新产品，打造瞬时优势。这就需要企业打破职能和层级的划分，围绕用户需求组成一个个直面市场、灵活机动的业务小分队。业务小分队是一个能够展开独立行动的完整价值创造单元。小分队将与新产品开发推广有关的所有内外部角色、资源聚集在一起，形成“端到端”

的闭环，打破了传统职能部门的壁垒，确保了不同角色间能够高效顺畅地协同。与传统科层制下的岗位和职责不同，小分队内的“角色”并不是一个僵化的职能，而是时刻处在流动中，会因团队的需求变化承担不同的任务。同时，小分队本身也并非会一直存在，而是会根据不断变化的用户需求动态聚散，就好比组织中的一个插件，可以灵活地“即插即拔”。这些多种多样的小分队并联起了企业面向市场的整张网络，将企业的组织结构转变为分布式网状组织。

需要特别注意的是，在组建小分队时，应当允许员工“自选择”“自组织”。“兴趣”与“自我价值实现”是激发个体内在潜能的原动力，当人们可以自主地选择自己真正感兴趣、看好的商业项目时，他们就会凭借自我驱动全身心地投入到价值创造和价值传递的过程中，不断触发自己的创造力，衍生近乎无限的可能。

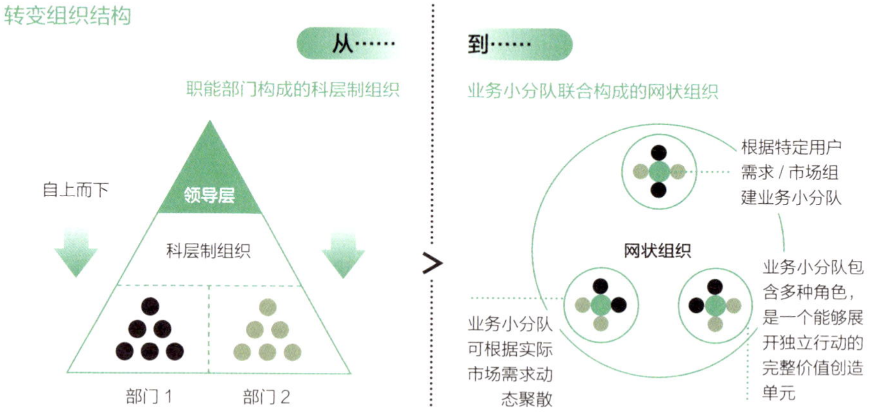

转变管理模式

从“管控”到“赋能”

为了充分发挥业务小分队的主观能动性，确保其在前端听到“炮火”后可以快速行动，企业的管理模式也要从传统科层制组织擅长的“管理和控制”转向“赋能与授权”。企业要承担类似孵化器的角色，通过给予员工小分队所需的各种资源和权力，助力其快速成长。“赋能”主要体现在：

a. 三权下放（人事权、财务权、决策权），给予业务小分队充分的自主权

三权下放指的是将人事权、财务权、决策权下放给业务小分队。既然小分队要对经营结果负责，那么本着“权责对等”的原则，它们就应当被授予相应的权力。充分的自主经营权确保小分队可以随时根据自己的判断，“调动炮火、把握战机”。当然，权力下放并不意味着企业彻底无为而治。作为孵化器，企业还应有相应的风控机制，能够动态地显示小分队的实际经营状况与预期目标之间的差距。一旦发现差距过大，小分队需对其经营方案做出调整。如果新的方案依旧不能满足用户的需求，则该小分队面临人员重组或解散的选择。

b. 搭建强大的企业中台，在数据、技术及通用组织职能层面给予业务小分队有力支持

除了给予前端业务小分队充分的授权，企业还需要建立强大的中台，以确保小分队在需要时能够快速获取足够的资源支持。企业的中台需要具备以下功能：一、整合打通内部资源，实现共享。比如，打通各团队积累的数据资源，形成共享的多维数据资产；二、基于各团队的共性需求，打造标准化、可复用的模块化工具，为前台提供可快速调用、内容丰富的积木式工具库；三、帮助前线团队快速、低成本地匹配外部资源：聚合前线团队的需求，以企业整体规模化地引入外部资源，获取成本优势。简而言之，企业中台需要通过资源整合和能力沉淀，形成强大的资源池和工具库，让前台小分队在应对市场时能够更加灵活敏捷。

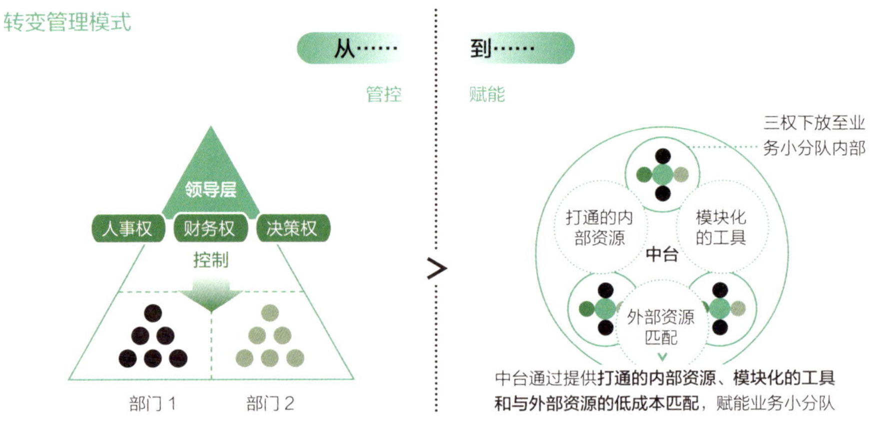

转变
激励机制

从“员工做事、企业付薪”到“联合共创、利益共享”

最后，组织重塑还意味着要将激励机制从传统的“员工做事、企业付薪”转变为“联合共创、利益共享”，让员工作为企业合伙人可以充分分享到他们所创造的商业价值。

在传统的科层制组织中，大多数员工远离用户和市场，因此企业无法准确衡量员工所创造的商业价值，只能依照员工的职位高低、能力等级、年功序列等为员工支付薪酬。即便在核算奖金或股权的 KPI 中纳入了衡量业绩表现的指标，但纳入的往往也只是整个企业、事业部的业绩指标。这使得指标缺乏足够的灵敏度，无法精准地反映员工所创造的用户价值以及员工对企业业绩的实际贡献。这种“企业付薪”的另一个问题是员工在潜意识里仍将企业视为服务的对象，而忽略了用户这一真正的价值源头，而企业也依旧视员工为成本。

而在业务小分队组成的网状化组织中，每个小分队都直面市场，直接为用户创造价值、传递价值，因此其产生的商业价值可以被精准衡量。企业如果要充分激发它们的积极性，就要将小分队放在“主体对等、联合共创”的合伙人位置上，与它们风险共担、收益共享。激励机制设计的核心是让每个小分队分享到的价值与其所创造的用户价值直接挂钩，实现“高贡献、高分享”。在这种激励模式的影响下，员工会清楚地意识到用户才是为自己付薪的人，因而会时刻保持对市场和用户需求的密切关注，努力为用户创造更多价值。这反过来又使得员工获得了更多报酬，从而实现了良性的闭环循环。

转变激励机制

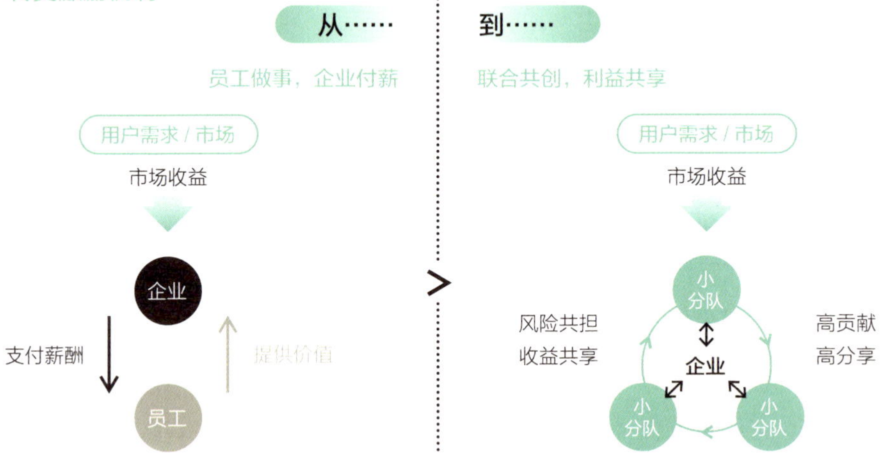

海尔在组织管理方面的创新即是以上组织重塑的一个生动体现。

/ 案例 /

面对物联网时代多点爆发的机会，海尔进一步深化了其开创的“人单合一”模式，并创新性地提出了组织管理的新范式——“链群”，以更好地围绕用户场景需求提供一体化的整体解决方案。

“链群”的全称为“生态链小微群”，即“小微”的集群，是非线性自适应的网络组织。小微是链群的基本单位，是海尔推翻科层制后建立的具有独立决策权、用人权和薪酬权的团队。在小微的基础上发展出的链群，能够更好地连接内外部资源，满足不同场景下的用户需求和体验迭代。根据承担角色的不同，链群可分为“体验链群”和“创单链群”，体验链群负责“传递价值”，通过触点网络直接面向用户社群，与用户交互，得到用户全新体验升级的需求；创单链群负责“创造价值”，并联各方资源进行具体落实，不断创造和迭代场景解决方案，来满足用户的体验需求。

转变员工角色：从“打工者”到“企业合伙人”

转变组织结构：从“职能部门构成的科层制组织”到“业务小分队联合构成的网状组织”

链群是一个个具有高主动性和高灵活性的团队，能够“自组织、自驱动、自增值、自进化”。

自组织体现在体验链群和创单链群能够形成自主行动的节点。

随着用户的体验迭代，链群还可以相应地不断拆分，更针对性地解决用户需求。

自驱动是围绕用户最佳体验，不断实现体验升级。以开放的体系，吸引能创造高增值的资源方加入，不断驱动链群发展和产出优质的解决方案。

自增值是为用户创造价值更高的体验价值，从而使链群获得更高的分享价值。

自进化是链群在用户需求的驱动下，不断引入外部资源方，提供更为优质的资源与服务。生态的自进化使新的产品/服务/解决方案不断涌现，最终实现生态的生生不息。

转变管理模式：从“管控”到“赋能”

海尔“人单合一”模式做到了两个“三”，真正让管理模式由“管理与控制”转向“授权与赋能”。

一是“三权让渡”，将决策权、用人权、薪酬权让渡给链群，为其创造自主发展的空间，能根据用户需求迅速反应、快速迭代。

二是“三个零的非线性体系”，即“用户零距离、流程零签字、体验零延误”的共享平台支持。海尔打通了原先的职能部门，将其打造成一个共享平台，为链群提供共享的财务、人力、法务、IT 等服务。这种设计打破了以往职能部门线性的筒仓结构组织形式，消除壁垒，形成了基于软件系统和操作平台等共享平台的非线性组织，支持链群更高效顺畅地运作。

转变激励机制：从“员工做事、企业付薪”到“联合共创、利益共享”

在海尔“人单合一”模式的指导下，薪酬来自用户评价、用户付薪，而不是上级评价、企业付薪。

链群的驱动机制是“用户付薪”和“增值分享”。“链群为用户创造的价值”和“其能够分享的价值”相关联，为用户创造的价值越多，链群分享的价值也越多。在用户新需求的驱动下，链群促进组织的自我进化，积极协同多方资源，实现各攸关方共赢。

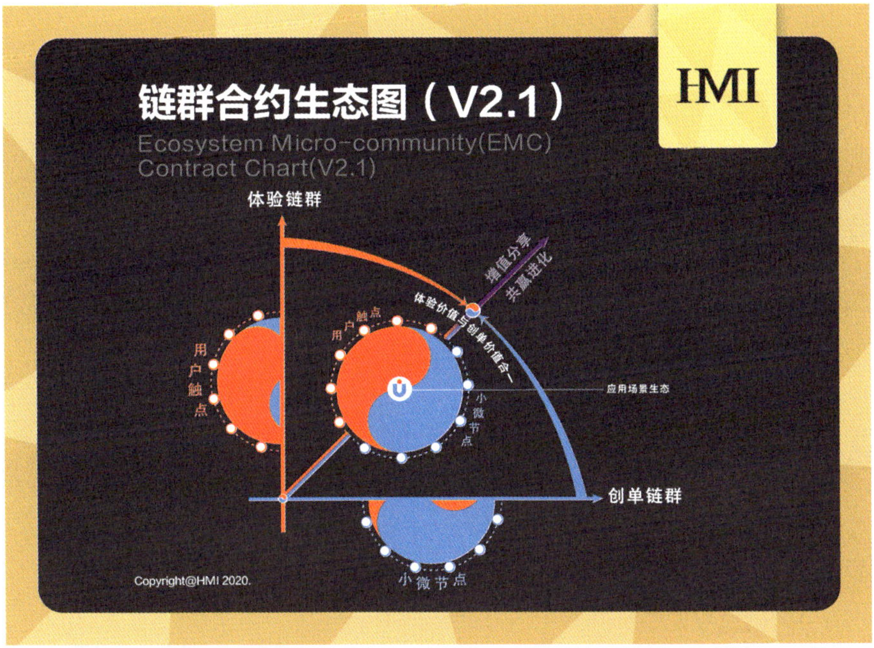

对于更多致力于在物联网时代打造生态品牌的其他企业，相信以“合伙人化”“网状化”“赋能化”及“利益共享化”为核心的组织重塑，也将帮助它们顺利把握先机，释放强劲的经济势能。

3.2 物联网生态品牌的社会担当

除了重塑组织外，物联网生态品牌作为一种包罗多方的品牌范式，在更宏观的社会层面也将产生长期而深远的影响。因此，在最后，我们仍需要回答一个最根本的问题，即物联网生态品牌对于社会的价值和影响究竟是什么。换言之，物联网生态品牌能够承担什么样的社会责任？又将为我们构筑一个怎样的社会？

物联网生态品牌所能承担的社会责任，可以被归结为一句话："避免负外部性，加强正外部性。"

1. 避免负外部性

避免负外部性，会让人自然联想到谷歌最著名的信条——"不作恶"，即不因自己业务的开展而使他人或社会受损。对品牌而言，选择不做什么有时比选择做什么更加重要。物联网生态品牌覆盖的范围大、能调度的资源多，任何举措影响的范围也将更广，因此要特别注意避免在业务开展的过程中使社会受损。比如，物联网生态品牌能否抵制住利益的诱惑，确保生态内的数据隐私和安全，避免不道德地使用数据作恶；能否确保自己和生态合作伙伴在劳工权益、环境保护、商业道德等方面都能遵守相关的法规条例，推动整个生态圈向更符合 ESG 的方向发展。这些都将是物联网生态品牌未来面临的重大考验。

2. 加强正外部性

与此同时，作为物联网时代领导型品牌范式，“大要有大的样子”，物联网生态品牌也需要通过积极承担社会责任，努力创造更多的正外部性。比如，物联网生态品牌可以利用自身最核心、最独特的能力来创造社会价值。从前文的讨论中，我们可以提炼出物联网生态品牌的三大核心能力：“连接”“赋能”和“共享”。通过充分发挥这三大能力，物联网生态品牌有望为社会带来意义重大的改变。

a. 连接百业，消除行业壁垒，为社会带来跨界创新、跨界融合的可能性

物联网生态品牌的一大特点是吸引百业都加入到开放的生态内，实现跨界共创，因而拥有了以前所未有的创造性手段解决社会问题的可能性。比如，生态内的乳制品企业、眼镜制造商、运动健身类 APP、运动服饰 / 器材制造商和保险公司如果可以联合起来、集思广益，也许就能共创出一些创新的方案，助力儿童健康领域中一些问题的解决。不同行业之间的碰撞与融合有利于打破既定路线，突破传统模式，为社会问题的解决开辟新道路。

b. 赋能百业，万众创业，创造一个更加平等普惠的世界

作为物联网生态品牌的另一项重要能力，“赋能”有助于解决行业间、公司间发展不均衡的问题，为世界带来更多平等的机会。

不同行业：行业间发展更均衡，能更平等地享受到时代发展的红利

互联网时代，尽管也在推行“互联网 +”，但“互联网 +”所能提供的主要还是一个信息流通的渠道，影响主要涉及终端销售环节，并未真正推动制造业、农业等传统行业实现生产制造环节的升级改造。时代的红利仍主要被电商、社交媒体等少数几个行业所分享。而物联网生态品牌则让包括大量传统行业在内的各行各业真正被接入“智能经济”的大潮中，在“生产到流通”的全价值链上实现了全面的产业升级，让各行各业都平等地享受到时代发展带来的红利。

大公司与小公司：小公司能够以更平等的姿态与大公司展开竞争

除了让行业间发展更均衡外，物联网生态品牌也通过赋能小微企业，助力它们以更加平等的姿态与大公司展开竞争。物联网生态品牌的合作伙伴包括许多小微企业。通过共享资源和平台，物联网生态品牌让这些小微企业也享受到在技术、金融、物流等方面的各种普惠，降低了它们接入“智能经济”的门槛，减少了它们的投资成本和运营成本。小微企业由此得以快速成长，释放

其全新的商业潜力，和大企业一起分享时代的红利。

c. 让“共享精神”从一种理念转变为指导商业和社会生活的通用逻辑，创造一个资源被更有效利用的“资源友好型”社会

正如前文“‘使用权’重于‘所有权’的共享经济”一节中所述，物联网为共享经济的全面爆发创造了技术条件。而物联网生态品牌则为各种创新型共享经济模式的诞生提供了场域。

物联网生态品牌将大量的企业和用户吸引到其生态内，同时凭借新的技术手段，实时、低成本地获取他们所拥有的各种生产生活资源的使用状态。无论是闲置的生活用品、生产线、劳动力还是可复用分享的数据，都可以在生态内快速找到供需方。物联网生态品牌因而可以催生出各种创新的共享经济商业模式，让闲置的资源和过剩的产能可以重新参与到经济流通中。随着越来越多共享经济模式在生态内落地生根，物联网生态品牌将使得“共享精神”真正深入人心，也将创造出一个资源被更有效利用的社会。

随着时代的不断进步，物联网生态品牌应更积极主动地承担更大范围的社会责任，与生态合作伙伴一起为社会创造长期价值。从“谨守本分、不做恶”，到创造一个更加“平等普惠、跨界共创、资源共享”的社会，物联网生态品牌为商业织就了道德和意义之网，也让我们对这个正在冉冉升起的美丽新世界充满了更多的期待与想象。

物联网生态品牌创造了一种兼容并蓄、生生不息的新商业生命体，也为我们开创了一种永续发展的新品牌范式。

结语

以物联网为代表的新一波信息技术革命正以包裹之势，向我们席卷而来。作为一种与蒸汽机和电力类似的强通用性技术，物联网不仅触发了各行各业生产力的跃迁，更催生了一种处理新时代下企业与用户、企业与合作伙伴、企业与社会之间关系的全新品牌范式——物联网生态品牌。

这种新型的品牌范式突破了传统品牌定义下单一的“用户视角”，以“用户 + 合作伙伴 + 社会”组成的多维视角重新定义品牌，鼓励品牌努力满足生态中不同利益主体的需求。对于用户，物联网生态品牌为他们提供了无界、个性化且不断迭代的整体价值体验；对于合作伙伴，物联网生态品牌通过营造开放多元、动态优化、协同共享的生态环境，与它们联合共创，共赢共益。对于社会，物联网生态品牌则通过兼具时代性和社会性的品牌理想，积极承担除创造经济收益外更多的社会责任。可以说，物联网生态品牌开启了品牌百余年发展史上一次新的底层革命，让新世界的图景在我们面前徐徐打开。

而物联网生态品牌创造这个美丽新世界的独门秘籍，则是它始终致力于实现“人的价值最大化”。这里“人”所指代的含义甚广，既包涵品牌的用户和合作伙伴，亦包括员工和更广泛的社会大众。物联网生态品牌即是从“人的价值”出发，通过激发用户、合作伙伴、员工与社会在其生态圈内交互共创，最大化地释放和凝聚各方潜能，从而实现社会经济的高质量发展和前所未有的社会价值。生态内的各方也因在参与“创造价值、传递价值、分享价值”的全过程中获得了自我实现的价值感，因而愿意始终留存在生态中，与其共生共荣，持续不断地为生态创造新的价值。“企业终将灭亡，生态永远不朽”，通过让“人的价值最大化”，物联网生态品牌创造了一种兼容并蓄、生生不息的新商业生命体，也为我们开创了一种永续发展的新品牌范式。

在世界全面物联网化的这一宏大历史进程中，成功构建生态品牌新范式的企业和国家将迸发出超越想象的社会经济潜力，在机会空间的历史大转换中抢占先机。我们希望本报告为那些渴望屹立在物联网浪潮之巅的企业提供品牌转型所需的必要方向指引。当然，时代发展的潮流浩浩汤汤，从未停歇，品牌也必须始终随之演进。我们期待更多的企业和研究者与我们一起携手，共同加入到对物联网生态品牌范式的探讨和实践中来，让这种全新的品牌范式能够最大化地释放其经济势能，也加速推动一个“平等普惠、跨界共创、资源共享”社会的早日到来。

附录

尾注

1.《2020 年移动经济》，2020 年 3 月，全球移动通信系统协会，P31—32

2.《吴军：科技史纲 60 讲》，2019 年 3 月，吴军，第 54 讲“IoT: 万物互联到底是什么意思？”

3.《The Growth in Connected IoT Devices Is Expected to Generate 79.4ZB of Data in 2025, According to a New IDC Forecast》，国际数据公司 (IDC)，https://www.idc.com/getdoc.jsp?containerId=prUS45213219

4.《划时代新物种：特斯拉越来越像苹果了》，2020 年 2 月，安信证券，P5

5.《零边际成本社会》，2014 版，杰里米 · 里夫金，“第十三章：从所有权到使用权的转变”

6.《第三次浪潮》，2018 版，阿尔文 · 托夫勒，“第二十章：产消合一制度的崛起”

7.《共赢：商业生态系统对企业战略、创新和可持续性的影响》，2006版，马尔科·扬西蒂，罗伊·莱维恩，P3

8.《Sustainability information 2019》，2019年12月，西门子，P2、P8、P23、P41

9.《Turning the Internet of Things into Reality: A practical approach to your unique IoT journey》，2019年4月，西门子，P28

10.《西门子数字化软件解决方案助力城市改善空气质量》，西门子官网，http://w1.siemens.com.cn/news/news_articles/6775.aspx

11.《联接未联接，华为助力农村普遍覆盖，消除城乡数字鸿沟》，华为运营商业务官网，https://carrier.huawei.com/cn/trends-and-insights/energizing-b2c-growth/connect-the-unconnected

12.《华为投资控股有限公司2018年可持续发展报告》，2019年7月，华为，P5

13.《Project Emma》，微软官网，https://www.microsoft.com/en-us/research/project/project-emma/

14. 《加速推进 AI+ 医疗，微软如何助力全球公共健康？》，微软亚洲研究院官网，https://www.msra.cn/zh-cn/news/features/waic-2020-healthcare

15.《工业互联网平台助力 淄博这家企业解密了“服装智能制造”》，齐鲁网，http://zibo.iqilu.com/zbyaowen/2020/0708/4586263.shtml

16. 《IoT 开放平台》，AliGenie，https://www.aligenie.com/doc/357554/gxhx67

17.《华为投资控股有限公司 2019 年年度报告》，2020 年 3 月，华为，P43

18. 《More than 100 million Alexa devices have been sold》，Techcrunch，https://techcrunch.com/2019/01/04/more-than-100-million-alexa-devices-have-been-sold/

19.《物联网赋能生物安全新生态 海尔生物疫苗追溯体系成行业模版》，经济观察网，http://www.eeo.com.cn/2020/0613/ 386647.shtml

20. 《Bayer Crop Science 使用 AWS IoT 推动精准农业创新》，亚马逊 AWS 官网，https://aws.amazon.com/cn/solutions/case-studies/bayer-cropscience/

21.《天猫精灵 CCH 上手：不只是薅马爸爸羊毛神器，它还学会了如何跟你的家人相处》，深圳湾，https://www.shenzhenware.com/articles/13771

22.《天猫精灵“糖粉计划”，初尝“糖”和“粉”共创的甜》，IT 之家，https://www.ithome.com/0/420/513.htm

23.《星巴克全球首位“AI 咖啡师”萌趣上线，智能语音点咖啡，数字化星巴克体验再升级》，星巴克中国官网，https://www.starbucks.com.cn/about/news/starbucks-first-ai-barista/

24.《C3.ai lands IBM partnership and more customers for its artificial intelligence and IoT platform》，ZDNet，https://www.zdnet.com/article/c3-ai-lands-ibm-partnership-and-more-customers-for-its-artificial-intelligence-and-iot-platform/

25.《C3.ai、微软和知名大学成立 C3.ai 数字化转型研究所》，businesswire，https://www.businesswire.com/news/home/20200330005265/zh-CN/

26.《BHGE 牵手 C3 带来新型人工智能工具》，OiLSNS，http://www.oilsns.com/article/427060

27.《Predix: The Industrial Internet Platform》, GE, https://h22168.www2.hpe.com/docs/ge_digital/whitepapers/Predix-The-Industrial-Internet-Platform_Brief.pdf

28.《Dattabot and GE Digital Work to Secure the Future of Agriculture in Indonesia》, GE 官网, https://www.ge.com/digital/sites/default/files/download_assets/Dattabot-GE-Predix-case-study.pdf

29.《亚马逊智能家居的"零触控"未来》, 猎云网, https://www.lieyunwang.com/archives/456506

30.《全面盘点 Amazon IoT 硬件，看亚马逊如何布局智能家居》，智能头条，https://zhuanlan.zhihu.com/p/47331525

31.《物联网支付来了！海尔墨盒洗衣机能替你买洗衣液》，天极网，http://news.yesky.com/hotnews/71/711578071.shtml

32.《小米集团 2020 第一季度业绩报告》，2020 年 5 月，小米集团，P6

33.《战略与战术维度审视小米产业链——广发策略联合行业"广·科创"系列之小米篇专题报告》，2018 年 3 月，广发证券，P11

34.《阳台马拉松》，日日顺物流，

https://www.rrs.com/balconymarathon.html

35.《IDC MarketScape：华为云 IoT 物联网平台位居领导者象限》，华为云 IoT 官网，https://www.huaweicloud.com/news/2020/20200217093007908.html

36. 华为云 IoT 官网，https://www.huaweicloud.com/product/iot.html

37. 阿里云 IoT 官网，https://iot.aliyun.com/

38.《车路智行：新基建，新交通，Apollo 智能交通白皮书》，2020 年 4 月，百度 Apollo，P19

39. 亚马逊 AWS 官网，https://aws.amazon.com/cn/iot/partner-solutions/?nc=sn&loc=4&partner-solutions-cards.sort-by=item.additionalFields.partnerNameLower&partner-solutions-cards.sort-order=asc

40.《激活微软资源与计划，加速上市速度和联合销售》，2019 年 1 月，黄驿斐，P9

41.《加入 MindSphere 合作伙伴生态系统》，西门子官网，https://new.siemens.com/cn/zh/products/software/mindsphere/partner.html

42.《余承东宣布华为IoT生态战略升级》，2019年3月，中国日报，http://tech.chinadaily.com.cn/a/201903/15/WS5c8b1ea1a31010568bdcfb9d.html

43.《华为发布智能家居品牌“华为智选”与合作伙伴共建智慧生活》，华为新闻中心，https://consumer.huawei.com/cn/press/news/2018/hw-2018hilink/

44.《认证介绍》，华为开发者联盟，https://developer.huawei.com/consumer/cn/doc/development/smarthome-Guides/authenticationintroduce-0000001051064392

45.《IBM PartnerWorld 计划概述》，IBM官网，https://www.ibm.com/cn-zh/partnerworld/public/program-overview

46.《IBM Global Solution Directory》，IBM官网，https://www-356.ibm.com/partnerworld/gsd/homepage.do

47.《Your journey starts here》，IBM官网，https://www.ibm.com/partnerworld/public/journey-begins

48.《Welcome to IBM Training》，IBM官网，https://www.ibm.com/training/

49.《微软携手物联网合作伙伴拓展智能边缘新机遇》，微软中国新闻中心，https://news.microsoft.com/zh-cn/%E5%BE%AE%E8%BD%AF%E6%90%BA%E6%89%8B%E7%89%A9%E8%81%94%E7%BD%91%E5%90%88%E4%BD%9C%E4%BC%99%E4%BC%B4%E6%8B%93%E5%B1%95%E6%99%BA%E8%83%BD%E8%BE%B9%E7%BC%98%E6%96%B0%E6%9C%BA%E9%81%87/

50.《加速物联网生态建设，予力全球企业转型》，微软中国新闻中心，https://news.microsoft.com/zh-cn/%E5%8A%A0%E9%80%9F%E7%89%A9%E8%81%94%E7%BD%91%E7%94%9F%E6%80%81%E5%BB%BA%E8%AE%BE%EF%BC%8C%E4%BA%88%E5%8A%9B%E5%85%A8%E7%90%83%E4%BC%81%E4%B8%9A%E8%BD%AC%E5%9E%8B/

51.《微软智能物联网创新，携手大中华区开发者拓展边缘计算新机遇》，微软中国新闻中心，https://news.microsoft.com/zh-cn/%E5%BE%AE%E8%BD%AF%E6%99%BA%E8%83%BD%E7%89%A9%E8%81%94%E7%BD%91%E5%88%9B%E6%96%B0%EF%BC%8C%E6%90%BA%E6%89%8B%E5%A4%A7%E4%B8%AD%E5%8D%8E%E5%8C%BA%E5%BC%80%E5%8F%91%E8%80%85%E6%8B%93%E5%B1%95%E8%BE%B9/

52.《未来的全场景智慧化生活，华为 HiLink 正帮我们实现》，

IT 之家，https://www.ithome.com/0/439/228.htm

53.《华为开发者大会开幕：鸿蒙 OS、EMUI 10.0 等悉数亮相》，环球网科技，https://tech.huanqiu.com/article/9CaKrnKm6l1

54.《HiLink & LiteOS & IoT 芯片 让 IoT 开发简单高效》，华为消费者业务官网，https://consumer.huawei.com/cn/press/news/2019/huawei-hilink-ignites-iot-development/

55.《先行而立，卡奥斯 COSMOPlat 牵头编写首个家电行业工业互联网标准》，卡奥斯 COSMOPlat 官网，https://www.cosmoplat.com/news/detail/?newsid=5200

56.《ICA 联盟介绍》，ICA 官网，https://www.ica-alliance.org/alliance?spm=a2c79.11824520.1271573.2.29944ea39dpVKR

57.《平台规范》，小米 IoT 开发者平台，https://iot.mi.com/new/doc/standard/cooperation-agreement.html

58.《查找 APN 合作伙伴》，亚马逊 AWS 官网，https://aws.amazon.com/cn/partners/find/?nc2=h_ql_pa_fi，

59.《AWS 设备资格认证计划 (DQP)》，亚马逊 AWS 官网，

https://aws.amazon.com/cn/partners/dqp/

60.《天猫精灵618孵化百个销售额过千万单品》，北京商报，https://new.qq.com/rain/a/20200622A0CAHL00

61.《天猫精灵发布四款新品及智能家居品牌“妙物”阿里今年将投百亿布局AIoT》，新华网，http://www.xinhuanet.com/tech/2020-05/20/c_1126010746.htm

62.《天猫精灵618生态成交55亿元,AI研发门槛从千万降至50万》，南方都市报，https://www.sohu.com/a/403509228_161795

63.《PTC + HoloLens 2 的制造业创新方案》，微软中国案例中心，https://www.microsoft.com/china/casestudies/details.aspx?CompanyProfileID=592

64.《Howden Creates Mixed Reality Solutions to Enhance Customer Experience》，PTC，https://www.ptc.com/en/case-studies/howden-mixed-reality

65.《奇点临近》，2011版，雷·库兹韦尔，《第2章 技术进化理论：加速回归定律》

团队介绍

指导委员会

王　幸　凯度集团中国区 CEO、BrandZ™ 全球总裁

张瑞敏　海尔集团董事局主席、首席执行官

周云杰　海尔集团董事局副主席、总裁

研究团队——凯度集团

叶　菡　凯度咨询业务合伙人

徐博洋　凯度咨询业务资深咨询顾问

程清华　凯度咨询业务副总监

李晓鸥　凯度咨询业务副总监

徐梦琳　凯度咨询业务副总监

赖士杰　凯度咨询业务咨询顾问

刘　嘉　凯度咨询业务咨询顾问

赵瑞年　凯度咨询业务分析师

视觉设计——凯度集团

鲍　琪　凯度咨询创意顾问

研究团队——牛津大学赛德商学院

Andrew Stephen

安德鲁·史蒂芬　研究副院长、欧莱雅营销学教席教授

Felipe Thomaz

费利佩·托马斯　市场营销副教授、“未来营销倡议组织”研究学者

研究团队——海尔集团

展　波　海尔集团副总裁、首席运营官

邵新智　海尔集团副总裁、首席财务官

王梅艳　海尔集团首席品牌官

滕新为　海尔集团品牌管理部副总经理

王恩浩　海尔集团高级品牌经理

车云霞　海尔集团品牌经理

敖　翔　海尔集团财务创新总监

王　玮　海尔集团数字化转型赋能总监

致谢

感谢 The Store WPP 首席执行官、BrandZ™ 和 BAV 集团主席 David Roth **罗大卫**先生对本报告的指导。

感谢以下贡献者为本报告提供了宝贵的行业洞察和思考：中欧国际工商学院副教务长、法国依视路会计学教席教授、共赢增值表研究院院长**许定波**，清华大学经济管理学院金融系教授、共赢增值表研究院专家委员会特聘专家**朱武祥**，中国传播学会常务理事、北京大学新闻与传播学院教授**胡泳**，香港创业创新研究院（IOGEI）创始人、院长、北京大学光华管理学院管理实践教授**曹仰锋**，企业增长学院创始人 **Frank van den Driest**，伟门汤普森资深战略专家 **Mark Gibbs**，凯度洞察业务高级总监 **Alexandre Momma**，帕勒咨询资深董事**罗清启**。

感谢以下贡献者为本报告提供了宝贵的企业实践案例：海尔集团董事局副主席、执行总裁**梁海山**，海尔集团执行副总裁、海尔金控董事长**谭丽霞**，海尔集团高级副总裁、海尔产城创集团董事长**盛中华**，海尔集团高级副总裁、海尔电器集团执行董事**解居志**，海尔集团副总裁、首席体验官、海尔智家中国区总经理**李华刚**，海尔集团副总裁、海尔智家海外市场总经理**李攀**，海尔集团董事局董事、海尔家居总经理、少海汇创始合伙人**刘斥**，海尔卡奥斯董事长、总经理**陈录城**，海尔智家生态平台副总裁、海尔洗衣机总经理、海尔衣联网总经理**李洋**，海尔集团战略运营部总经理**黄雯瑶**，海创汇总经理**刘长文**，日日顺供应链科技总经理**于贞超**，海尔生物疫苗网总经理**巩燚**，海尔生物血联网总经理**刘吉元**，GSMA 大中华区创新与生态合作总经理**常洁**，ABB 机器人北方区域总经理**徐斌**，中国电信天津分公司政企客户部副总经理**齐洪旺**，北京云数工场数据科技有限公司董事长**张驰**，英诺尔信息科技董事长**李金华**，道云首席运营官**张红兵**，泰福智能家居总经理**宋伯军**，万事利新零售事业部总经理**谭本成**，青岛京东方智慧系统创新中心有限公司副总经理**王佳**，宇通客车股份有限公司客车专用车分公司销售部部长**谢振超**，立久佳销售部经理**徐洪亮**。

同时对以下贡献者表示感谢：**Ellie Thorpe**，**Elspeth Cheung**，**Halina Bromberg**，**Judit Stöckl**，**Martin Guerrieria**，**Michelle Thorpe**，**Raam Tarat**，**Rachel Cox**，**Sheila Campbell**，**安宇**，**卜亚君**，**柴娟**，**陈建吉**，**陈小冕**，**付连兴**，**高群**，**高尚**，**郭敏**，**韩晓伟**，**胡珊珊**，**季美艳**，**琚丹**，**李炳琪**，**李福彪**，**李宁**，**李强**，**李婷婷**，**厉书涵**，**林郅贤**，**刘小艺**，**马远肃**，**苗文青**，**慕现敏**，**宁良春**，**彭洁**，**石雪**，**司胜锋**，**苏彪**，**隋峻**，**孙冰清**，**孙海龙**，**孙明法**，**孙启超**，**陶菊中**，**王安祺**，**王大伟**，**王海玲**，**王建国**，**王娟**，**王娜**，**王寅宁**，**武禄涛**，**咸桂梅**，**许兼畅**，**徐文贤**，**杨静**，**杨倩**，**殷晓莹**，**于文亭**，**臧玉红**，**曾桓璋**，**张庆福**，**张艳芳**，**张运年**，**赵时雨**，**赵淑静**，**周晓文**，**周哲**。（以上名单不分先后）

凯度集团介绍

凯度是全球领先的基于证据的洞察与咨询公司。拥有独特而全方位的人性洞察——懂得世界各地的人们是如何思考、感受和行动；有覆盖超过全球 90 个市场的规模优势，也有深耕本土的扎实理解。依托专业的人才团队、数据资源与基准值指标库、解析预测与创新技术，向客户提供人性洞察和增长灵感。

牛津大学赛德商学院介绍

牛津大学赛德商学院诞生于新老文化的融合中。这是一所充满活力和创新的商学院，同时深深植根于一所拥有 800 多年历史的世界顶级大学——牛津大学。赛德商学院开展具有全球影响力的项目和思考，同时指导学生实现商业生涯的成功，并作为学院的一分子积极寻求解决全球问题的方法。赛德商学院提供全球顶级课程，包括备受推崇的 MBA、EMBA、诸多专业领域的计算机硕士学位、定制和开放课程组合以及高管认证文凭，并通过开展突破性的研究，改变个人、组织、商业和社会。赛德商学院是一所国际化和开放的学院，其课程参与者来自 50 多个国家。赛德商学院力求成为一所植根于世界一流大学的全球顶尖商学院，以解决全球范围的问题。

Andrew Stephen 安德鲁 · 史蒂芬

安德鲁 · 史蒂芬教授是市场、媒体和广告行业的学术权威，致力于研究以技术为中心的未来营销实践。他还是牛津大学赛德商学院的研究副院长和欧莱雅市场营销专家。此外，他是牛津大学未来营销倡议组织（Oxford Future of Marketing Initiative）的创始人。该组织是学术研究人员与一些世界领先的品牌、机构和科技公司的合作网络，旨在通过严谨的学术研究和实践的循证思想作为指导来塑造营销学科的未来。他致力于推动营销、消费者心理学和技术的交融。最近安德鲁教授被美国市场营销协会认可为全球顶级市场营销学者之一，并且在英国排名第一。

Felipe Thomaz 费利佩 · 托马斯

费利佩 · 托马斯是市场营销学的副教授，也是“未来营销倡议组织”的研究学者。他是市场战略和数字市场领域的专家，尤其关注公司业绩。他的研究通过图形理论 / 社会网络分析法为身处数字化浪潮的组织提供了新颖的见解和管理工具。费利佩与许多全球领先的公司、政府和非营利组织保持合作。他曾以专家身份在联合国大会上作报告，并担任牛津马丁学院反非法野生动物贸易项目、牛津互联网研究所技术和选举委员会、牛津人工智能与可持续发展倡议的指导顾问。他是牛津大学多项创新项目的发起者，也是增强智能实验室（Augmented Intelligence Labs）的联合创始人。增强智能实验室是一家校企合作公司，旨在提供前沿的决策支持、智能管理工具和支持全球市场分析的智慧营销技术。

海尔集团介绍

海尔集团创立于 1984 年，是全球领先的美好生活解决方案服务商。海尔始终以用户体验为中心，连续 2 年作为全球唯一物联网生态品牌蝉联 BrandZ™ 全球百强，连续 11 年稳居欧睿国际世界家电第一品牌，旗下子公司海尔智家位列《财富》世界 500 强。海尔集团拥有海尔 Haier、卡萨帝 Casarte、Leader、GE Appliances、Fisher & Paykel、AQUA、Candy 七大全球化品牌，拥有 4 家上市公司，成功孵化 5 家独角兽企业和 23 家瞪羚企业，在全球设立了 10+N 开放式创新体系、25 个工业园、122 个制造中心和 14 万个销售网络，深入全球 160 个国家和地区，服务全球 10 亿 + 用户家庭（数据截至 2020 年 11 月）。

海尔集团致力于携手全球一流生态合作方持续建设高端品牌、场景品牌与生态品牌，构建衣食住行康养医教等物联网生态圈，为全球用户定制个性化的智慧生活。

商标声明

凯度的名称、商标、标志或标语始终归凯度所有，且凯度保留所有权利。未经凯度的书面同意，本报告中的名称、商标、标志或标语均不可使用。The Saïd Business School（赛德商学院）隶属于牛津大学，The University of Oxford（牛津大学）和Oxford（牛津）为The Chancellor, Masters and Scholars of the University of Oxford（牛津大学）的注册商标。海尔、Haier是海尔集团的注册商标。在本报告中出现的其他注册商标或商标，公司、产品或服务名称以及其他名称，属于各自所有者资产。

免责声明

本报告所载资料仅供一般参考用，并非针对任何个人或团体的个别情况而提供的专业建议或服务。虽然本报告已致力于提供准确和及时的案例及数据，但本报告对这些案例及数据在您收取本报告时或日后的准确性、完整性和可靠性不做任何明示或暗示的担保。在作出任何可能影响您的财务或业务的决策或采取任何相关行动前，您应咨询专业顾问。凯度集团、牛津大学赛德商学院及海尔集团均不对任何基于本报告作出的决策或行为而导致的任何损失承担责任。

版权声明

郭　敏　凯度集团中国总编

电子邮件：martin.guo@kantar.com

王恩浩　海尔集团高级品牌经理

电子邮件：wangenhao@haier.com